Make You A Pilates Instructor

필라테스 지도자로
만들어 줄게 Mat & Props

필라테스 지도자로 만들어 줄게 Mat & Props
Make You A Pilates Instructor

초판 1쇄 발행 2024년 5월 30일

지은이 송기연, 장미리
펴낸이 장길수
펴낸곳 지식과감성#
출판등록 제2012-000081호

교정 이주연
디자인 강샛별, 서혜인
편집 서혜인
검수 이주희, 이현
마케팅 김윤길, 정은혜

주소 서울시 금천구 벚꽃로298 대륭포스트타워6차 1212호
전화 070-4651-3730~4
팩스 070-4325-7006
이메일 ksbookup@naver.com
홈페이지 www.knsbookup.com

ISBN 979-11-392-1843-5(14510)
　　　979-11-392-1842-8 (세트)
값 35,000원

• 이 책의 판권은 지은이에게 있습니다.
• 이 책 내용의 전부 또는 일부를 재사용하려면 반드시 지은이의 서면 동의를 받아야 합니다.
• 잘못된 책은 구입하신 곳에서 바꾸어 드립니다.

지식과감성#
홈페이지 바로가기

Make You A Pilates Instructor

필라테스 지도자로 만들어 줄게 Mat & Props

저자 **송기연, 장미리**
대한자세통합필라테스협회

본 교재는 한국저작위원회에 편집저작물로 등록되어 있어
상업적 또는 비상업적 용도로 내용을 복사, 수정하거나 재배포를 금지합니다.

적발 시 저작권법 위반에 따른 민/형사상의 책임을 받을 수 있습니다.

Copyright 2020. Ki-Yeon, Song & Mi-Ri, Jang All rights reserved.

KPIPA Korea Posture Integrated Pilates Association
President. Ki-Yeon, Song
Managing Director. Mi-Ri, Jang

KPIPA Pilates Instructor Course

Make You A Pilates Instructor
Mat & Props

KPIPA Pilates Instructor Course

Lession 1 | 필라테스 해부학

Lession 2 | Mat & Props 필라테스

Lession 3 | R.C.C.B 필라테스

목차

협회장 인사말 — 12

1. 필라테스 개론

필라테스 역사 — 18
필라테스 핵심 요소 — 21

2. 필라테스 원리

호흡(Respiration) — 26
호흡 인지 실습 — 28
코어 근육(Core Muscle) — 29
척주(Vertebral Column) — 30
어깨뼈(Scapula) — 31
골반 기울기(Pelvic Tilting) 및 골반 움직임 실습 — 32
자세에 따른 용어 및 바른 정렬 실습 — 33
첫 수업 회원 가이드 구성하기 — 34
티칭 순서 — 35

3. 매트 필라테스

임프린팅(Imprinting) & 브레싱(Breathing) — 40
한 다리로 원 그리기 #1(One Leg Circle #1) — 42

한 다리로 원 그리기 #2(One Leg Circle #2) — 45

브릿지(Bridge) — 48

싱글 레그 브릿지(Single Leg Bridge) — 51

크런치(Crunch) — 54

토탭(Toe Tap) — 57

헌드레드(Hundred) — 60

척추 회전운동(Spine Twist) — 63

톱질(Saw) — 66

스파인 스트레칭(Spine Stretching) — 69

롤 업 앤 다운(Roll Up & Down) — 72

롤링 라이크 어 볼 #1(Rolling Like A Ball #1) — 75

롤링 라이크 어 볼 #2(Rolling Like A Ball #2) — 78

롤링 라이크 어 볼 #3(Rolling Like A Ball #3) — 81

롤 오버(Roll Over) — 84

잭 나이프(Jack Knife) — 87

싱글-레그 스트레칭(Single-Leg Stretching) — 90

더블-레그 스트레칭(Double-Leg Stretching) — 93

시저 #1(Scissors #1) — 96

시저 #2(Scissors #2) — 97

하늘자전거(Bicycle) — 100

티저(Teaser) — 103

힙 트위스트(Hip Twist) — 106

캣 스트레칭(Cat Stretching) — 109

쿼드루프트(Quadruped) — 112

스완(Swan) — 115

레그 킥(Single Leg Kick) - Single & Double — 118

힙 업(Hip Up) — 121

스위밍(Swimming) — 124

플랭크(Plank) — 128

클램(Clam) — 131

사이드 레그 리프트(Side Leg Lift) — 134

사이드 비트(Side Beats) — 137

4. 소도구 필라테스

스파인 스트레칭(Spine Stretching) — 142

사이드 스트레칭(Side Stretching) — 145

스파인 로테이션(Spine Rotation, Port de bras) — 148

스케퓰라 아이솔레이션 #1(Scapula Isolation #1) — 151

스케퓰라 아이솔레이션 #2(Scapula Isolation #2) — 154

암 써클(Arm Circles) — 157

롤 업 앤 다운(Roll Up & Down) — 160

브릿지(Bridge) — 163

싱글 레그 브릿지(Single Leg Bridge) — 166

시저(Scissors) — 169

바이시클(Bicycle) — 172

헬리콥터(Helicopter, Windmill) — 175

레그 레이즈(Leg Raise) — 178

힙 트위스트(Hip Twist) — 181

프로그 레그(Frog Leg) — 184

롤 오버(Roll Over) ─ 187

싱글 레그 킥(Single Leg Kick) ─ 190

더블 레그 킥(Double Leg Kick) ─ 193

힙 업-니 밴딩(Hip up-Knee Bending) ─ 196

스위밍(Swimming) ─ 199

스완 다이브(Swan Dive) ─ 203

사이드 레그 리프트(Side Leg Lift) ─ 206

사이드 비트(Side Beats) ─ 209

부록

목 폄근 이완(Neck Extensor Release) ─ 214

목 폄근 스트레칭(Neck Extensor Stretching) ─ 215

등 척주 스트레칭(Thoracic Spine Stretching) ─ 216

어깨관절 스트레칭(Shoulder Stretching) ─ 217

몸통 폄근 이완(Trunk Extensor Release) ─ 218

허리 근육 이완(Lumbar Muscle Release) ─ 219

엉덩관절 굽힘근 스트레칭(Hip Flexor Stretching) ─ 220

어깨관절 근육 이완(Shoulder Muscle Release) ─ 221

팔꿈치 폄근 이완(Elbow Extensor Release) ─ 222

몸통 가쪽굽힘근 이완(Trunk Lateral Flexor Release) ─ 223

엉덩관절 벌림근 이완(Hip ABductor Release) ─ 224

넙다리네갈래근 이완(Quadriceps Femoris Release) ─ 225

볼기근 이완(Gluteus Muscle Release) ─ 226

종아리 근육 이완(Calf Muscle Release) ─ 227

발등굽힘근 이완(DorsiFlexor Release) ─ 228

발바닥굽힘근 이완(PlantaFlexor Release) ─ 229

협회장 인사말

안녕하세요.

근거 중심의 필라테스 문화를 선도하는 KPIPA 대한자세통합필라테스협회장 송기연입니다. 저는 물리치료사이자, 물리치료학 박사 과정에서 연구 중인 생도이면서 물리치료학과와 협회에서 후진양성에 힘쓰고 있는 교육자이기도 합니다.

물리치료사로 근무하며 잘못된 자세나 습관에 의해 점점 악화되고 심화되어 가는 환자분들을 치료하다 보면 굉장히 많은 환자분들이 조기 관리의 실패, 자신에게 어떤 운동이나 자세가 도움이 되는지, 또는 해로운지 제대로 된 정보 없이 막연하게 인터넷이나 소문에 의한 무분별한 정보 사이에서 좋은 정보와 잘못된 정보들을 구분하지 못해 오히려 증상과 병을 키우고 악화시키는 사례들을 많이 접해 왔습니다.

이러한 경험들로 자세와 습관, 질환에 따라 선택적으로 적용할 수 있는 운동 프로그램의 필요성을 느껴 저와 뜻을 함께하는 동료 치료사 선생님들과 함께 재활 운동 전문 센터인 다나필라테스를 설립하였습니다.

재활 목적으로 개발되고 만들어진 필라테스 운동을 저희가 익히고 학습한 해부학적 지식을 바탕으로 재구성, 재해석하여 더 많은 분들에게 더욱 좋은 효과를 가져다드릴 수 있도록 노력하였습니다. 오랜 시간 다나필라테스를 운영하다 보니 자연스럽게 필라테스와 재활 운동의 미래에 대한 방향성에 대해 자주 고민하게 되었습니다.

특히 다양한 강사 선생님들을 접하다 보니, 필라테스나 운동은 잘 지도하고 가르치시지만 해부학적인 지식과 이해, 전문성을 갖춘 강사 선생님들이 부족하다는 생각이 들었고, 이에 재활 필라테스와 재활 치료 및 운동 관련 교육 기관인 KPIPA 대한자세통합필라테스협회와 KIREA 대한통합재활운동협회를 설립하게 되었습니다.

단순히 운동만 잘 가르치는 강사가 아닌 레슨뿐만 아니라 이 운동을 왜 해야만 하는지, 왜 필요한지 설명할 수 있는 강사를 양성하기 위해 수년간 노력해 왔습니다.

감사하게도 그 노력을 알아주시는 원장님들이 함께 동참해 주신 덕분에 광주, 전남, 전북을 시작으로 천안, 청주, 일산, 파주, 인천, 구미, 순천, 대구, 창원에 이르기까지 다양한 지역 교육 지부에서 좋은 지부장님, 수석 강사님들과 함께 저희가 목표로 하고 추구하는 것들을 교육할 수 있게 되었습니다.

저희 대한자세통합필라테스의 교육은 어렵기만 할 것 같은 해부학을 접목한 재활 필라테스를 누구나 쉽게 평가하고 쉽게 레슨에서 적용할 수 있는 '즉효성', 교육 후에도 동일한 효과를 만들어 낼 수 있는 '재현성', 강사의 주관적인 견해가 아닌 논문 근거 기반과 교육진의 충분한 임상 경험이 함께 어우러진 '객관성'을 갖추었기 때문에 수강생 선생님들의 만족도 높은 교육을 제공해 드리고 있습니다.

 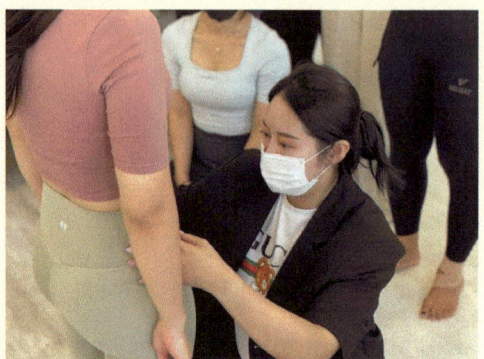

저희 대한자세통합필라테스협회의 교육을 이수하신 선생님들께서는 '회원의 자세가 틀어지고, 아픈 이유'를 해부학적 근거를 바탕으로 분석하고 추리할 수 있습니다.
 '회원의 자세가 틀어지고, 아픈 이유'에 부합하는 올바른 운동처방 및 레슨 프로그램을 계획할 수 있습니다. '회원의 자세가 틀어지고, 아픈 이유'를 체계적으로 설명하고 근거를 증명해 보일 수 있습니다.

이로써 저희 대한자세통합필라테스협회의 교육을 이수하신 선생님들께서는 수십, 수백 가지의 수많은 운동 동작들 가운데서 충분한 이론적 근거를 기반으로 선택적인 레슨 프로그램 구성을 통해 더 효율적으로 레슨을 할 수 있게 될 것이고 이러한 근거 기반의 효율적인 레슨은 내가 지도하는 회원에게 좋은 효과를 가져다줄 것입니다. 그만큼 필라테스 강사로서, 운동지도자로서 레슨을 지도하는 것을 즐기게 될 것입니다.

재활 필라테스 전문 지도자를 목표로 하시는 선생님들, 재활 운동에 관심 있으신 선생님들 언제나 환영합니다.

감사합니다.

1.

필라테스 개론
Pilates Introduction

필라테스 역사

필라테스(Pilates)는 몸의 긴장을 풀어 주며 동시에 근육을 강화시키는 운동 방법으로 1920년경 독일인 조셉 필라테스(Joseph H. Pilates, 1883~1967)에 의해 처음 시작되었다.

필라테스 운동의 창시자인 조셉 필라테스는 선천적으로 약하게 태어났다고 알려진다. 류마티스, 천식, 구루병 등을 앓았고 약한 호흡기로 많은 고통을 받았다. 그는 부모의 영향으로 건강에 대한 중요성을 일찍부터 느끼고, 스스로를 위해 강한 신체와 정신을 만들기 위한 방법들을 탐구하기 시작했다. 권투, 펜싱, 레슬링, 요가, 다이빙, 스키, 체조 등 수많은 운동을 배웠고, 많은 시간과 노력을 기울였다.

1910년대 중반기를 전후해 제1차 세계대전이 발발하자 조셉 필라테스는 영국의 랭커스터 포로수용소에서 수감된 포로들의 건강과 재활을 위해 운동을 지도하기 시작했고, 열악한 수용소 환경 속에서 환자들을 위해 침대에 스프링을 사용해 운동을 시켰는데, 이것이 최초의 필라테스 기구 캐딜락이 탄생된 과정이다.

이후 조셉은 평생의 동반자인 연인 클라라를 만나게 되고, 1923년 뉴욕으로 이주해 자신의 연인와 함께 뉴욕 8번가에 작은 스튜디오를 열었다.

그 당시 유명한 테드 숀(Ted Shawn), 루스 데니스(Ruth St. Denis), 조지 발란신(George Balanchine) 같은 유명 무용수, 안무가, 지도자들과 교류하며, 그들이 보낸 부상당한 무용수들의 재활 치료를 맡게 되었으며, 이 당시 필라테스의 기구들이 고안

되고, 발전하기 시작했다.

조셉 필라테스의 철학은 올바른 호흡과 함께 꾸준한 훈련을 통해 정신, 신체, 영혼의 건강을 추구하며, 소통하는 것이었다. 500여 가지가 넘는 동작으로 구성되어 있으며, 요가, 체조, 웨이트 트레이닝, 기계체조, 무용 등의 다양한 동작들이 결합되어 발달해 왔으며, 호흡(Breath)과 전신의 건강(Whole Body Health)을 추구한다. 또한 신체의 안정성 안에서 팔과 다리를 자유롭게 움직이는 운동을 통해 전신의 균형적인 발달을 추구하고 건강을 얻어 행복한 삶을 추구한다.

필라테스의 동작은 해부학, 생리학, 생체역학 및 신체운동학을 통해 이루어지며, 미적, 심리학적으로 구성되고, 인체의 움직임을 과학적으로 분석해 개발되어 왔다. 주로 복부, 척추, 엉덩이, 골반 주변부의 깊은 근육들을 발달시키고 이를 통해 신체의 중심부를 강화하며, 골격계를 안정적으로 지지하고, 유지하게 된다. 현대의 필라테스는 그 목적과 방법에 따라 매트 필라테스, 소도구 필라테스, 기구 필라테스로 나뉘며 초급, 중급, 고급 단계의 동작으로 구분되어 발전했다.

숙련된 강사에 의해 진행되는 필라테스의 동작들은 주 근육뿐만 아니라, 협력근 및 대항근을 사용하도록 유도하여 겉으로 드러나는 큰 근육들만이 아닌 작고 깊은 근육들까지 단련시켜 준다. 이러한 방식은 근육들 간의 밸런스 조절과 주동근-협력근-대항근들 간의 협응력 증진을 유도한다.

필라테스는 신체의 전 근육이 움직임을 수행할 때 올바르게 사용될 수 있게 한다. 신체 기능과 신체 구조의 손상된 부위를 회복시키는 운동이 될 수 있고, 손상된 부위에 과도한 동작을 하지 않으면서도 목표로 하는 운동을 할 수 있다.

필라테스가 실질적으로 그 효과를 인정받기 시작한 시기는 조셉의 사후 1983년이다. 필라테스는 재활 운동으로서의 효과를 인정받아 성 샌프란시스 병원의 스포츠의학센

터와 무용재활센터에서 처음으로 필라테스 프로그램을 도입하기 시작했다. 이후 현재에 이르기까지 수많은 병원과 재활 센터 그리고 학교에서도 필라테스의 탁월한 효과를 인정하여 사용하고 있다.

필라테스 핵심 요소

호흡

조셉 필라테스는 운동 중 의식적이고 조화로운 호흡의 중요성을 강조했다. 따라서 필라테스에서는 정신과 육체를 연결하기 위해 깊고 지속적인 호흡을 수행한다. 올바른 호흡은 집중력을 향상시키고 굳어 있는 근육을 이완시켜 스트레칭 효과를 유도하고 폐활량을 증진시킨다. 움직임과 조화로운 호흡은 동작 중 제어력과 흐름을 향상시킨다.

집중

집중하지 않는다면 모든 동작들이 형태와 목적을 잃어버린다. 조셉 필라테스는 "주의를 기울이지 않고 20번 하는 것보다 집중해서 5번 하는 게 더 낫다."라는 말을 자주 하였다. 집중은 정신과 신체를 연결하는 데 도움이 되며, 운동을 정확한 실행과 제어가 가능하도록 한다.

조절

조절이란 필라테스의 기본 원리 중 하나이다. 모든 동작을 취할 때 형태와 움직임을 이해하고, 정밀하게 근육을 사용하여 그 동작을 유지하는 상태이다. 필라테스 동작들은 지속적인 조절을 통해 이루어지며, 조셉이 살아 있는 동안에는 필라테스를 컨트롤로지(조절학)라고 표현하기도 했다. 조절은 단순히 운동 동작뿐만 아니라 필라테스 운동 전반에 걸쳐 유지하는데 동작과 동작 사이의 전환, 도구의 사용, 운동 중 주의 사항에 이르기까지 모든 상황에서 적용된다.

중심화
필라테스의 운동은 '파워하우스'라고 불리는 몸의 중심에 주의를 집중시킨다. 여기에는 복부, 엉덩이, 허리, 골반 주변의 근육들을 포함하는데 모든 움직임은 중심에서 바깥으로 향하는 뻗는 움직임이다. 즉 중심 부위에서 움직임을 시작하여 안정성, 근력 및 제어력을 촉진할 수 있도록 설계되어 있다.

정확성
필라테스 동작은 집중과 조절 그리고 중심화가 잘 지켜졌을 때 더욱 정확해진다. 모든 필라테스 동작은 신체의 바른 정렬 상태를 유지하며 정확하게 움직일 때 최대의 효과를 나타내기 때문에 세심한 주의를 기울여 동작을 수행하는 것이 중요하다. 다리 각도, 발 모양, 팔꿈치 위치와 머리, 척추, 골반 정렬 등의 정확하고 정밀한 자세와 운동은 목표 근육을 활성화시키는 데 중요하다.

정렬
필라테스에서는 긴장과 부상을 예방하기 위해 올바른 정렬이 중요하다. 올바른 정렬은 자세를 개선하고 관절과 연부조직에 가해지는 스트레스를 줄여 근골격계 문제나 손상의 위험을 낮추는 데 도움이 된다.

흐름
필라테스의 모든 움직임은 물 흐르는 듯한 느낌으로 리드미컬하게 이루어져야 한다. 흐름이란 한 동작에서 다음 동작으로의 원활한 전환을 의미하며, 필라테스 운동은 부드럽고 자연스럽게 흐르도록 설계되어 있다. 이러한 흐름은 관절에 가해지는 압력의 양을 줄여 더욱 부드럽고 기능적인 움직임을 만든다.

전신의 움직임

필라테스는 부분적인 움직임이나 개별 근육의 분리된 운동이 아닌 전신 운동을 강조한다. 이러한 전신의 움직임은 신체의 전반적인 흐름 속에 정렬과 형태를 이해하고 발달시키다 보면 자세가 개선되고 신체의 편안함은 증가하며 육체적 능력은 더욱 향상된다. 결국 전체적으로는 신체의 전 근육을 균형감 있게 골고루 발달시킨다.

체력/이완

오랜 기간 동안 정확한 움직임을 유지하고 컨트롤하기 위해서는 지구력이 뒷받침되어야 한다. 필라테스 일련의 운동은 지구력을 증진시키는 데 도움이 된다. 이처럼 필라테스 운동을 하는 데 있어 고도의 집중과 체력도 필요하지만 몸과 마음의 휴식도 필요하다. 신체와 정신을 건강하게 하려면, 작용과 이완 사이의 균형을 이해하는 것이 중요하다. 우리는 동작을 정확하게 완수하는 데에 너무 과하지 않고, 약하지도 않은 꼭 필요한 만큼만의 힘을 사용하는 법을 배워야 하며, 편안한 마음은 경직된 신체의 긴장을 풀어 주며 신체의 움직임의 자연스러운 흐름을 찾을 수 있도록 도와준다.

2.

필라테스 원리
BASIC PRINCIPLES

호흡(Respiration)

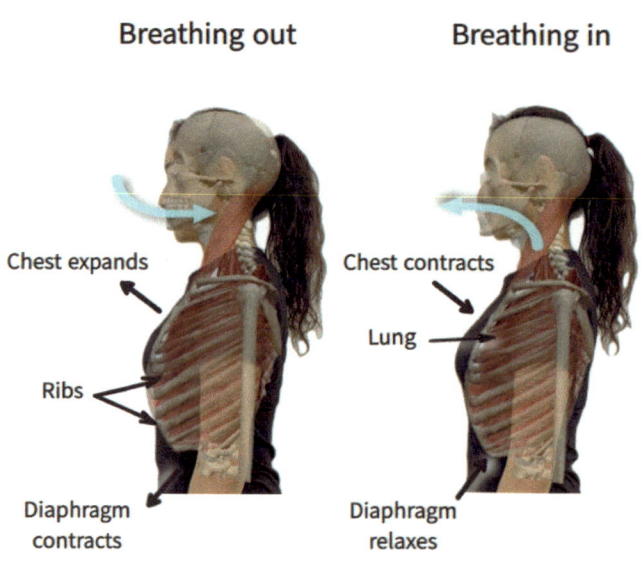

가로막과 갈비사이근을 주도적으로 사용하여 체내의 가스 교환을 위한 연속적 근 활동 기전이다. 대부분 평상시 가로막을 주도적으로 사용하여 호흡을 하게 되는데, 이 가로막이 마치 주사기의 실린더처럼 작용하여 폐와 바깥의 압력차를 만들게 되고 이로 인해 공기의 이동이 일어나게 된다.

들숨(흡기, Breathing In)

들이마실 때, 가로막이 수축하여 아래로 내려가고,
가슴우리는 확장, 복부의 압력은 상승하여 돔 모양이 편평해진다.

날숨(호기, Breathing Out)

내쉴 때, 가로막이 원래대로 돌아오고,
가슴우리는 수축, 복압은 하락, 돔 모양은 제자리로 위로 휘어진다.

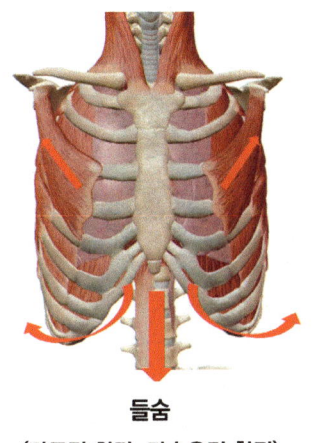

들숨
(가로막 하강, 가슴우리 확장)

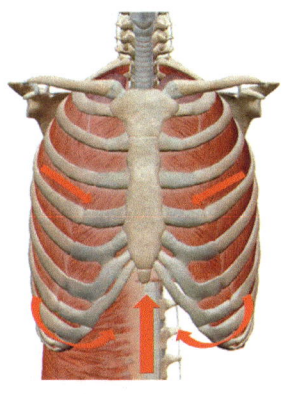

날숨
(가로막 상승, 가슴우리 수축)

필라테스의 3차원 호흡

- 가로막(Diaphragm) – 위아래 확장
- 상부 가슴우리(Upper Thoracic) – Pump Handle, 앞뒤 확장
- 중하부 가슴우리(Mid-Lower Thoracic) – Burket Handle, 좌우 확장

복식 호흡

가로막 호흡(Abdominal respiration), 가로막의 작용으로 공기를 출입하는 호흡법이다. 가로막의 충분한 하강을 위해서 복강을 넓혀 주며 복부 면적의 전후좌우 용적을 늘려 준다.

흉곽성 복식 호흡

코로 들이마시고 입으로 내뱉는 호흡으로 가슴우리의 면적을 확장 및 수축시키면서 복부 근육의 연결성을 활성화시킨다. 가슴우리와 골반 사이에서 복부 근육을 안정적으로 사용함으로써 운동을 시작하기 전 또는 운동을 수행해 낼 때 보다 안정적인 효과를 가져올 수 있다.

호흡 인지 실습

바로 누운 자세(Supine position)에서의 호흡 인지

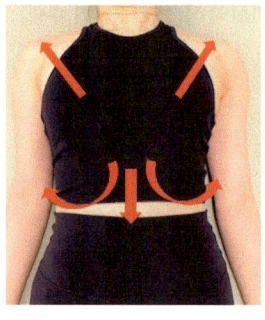

들숨

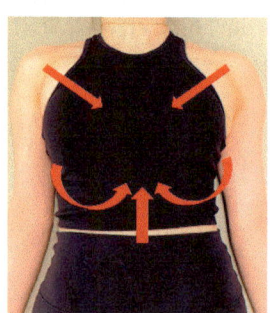

날숨

앉은 자세(Sitting position)에서의 호흡 인지

코어 근육(Core Muscle)

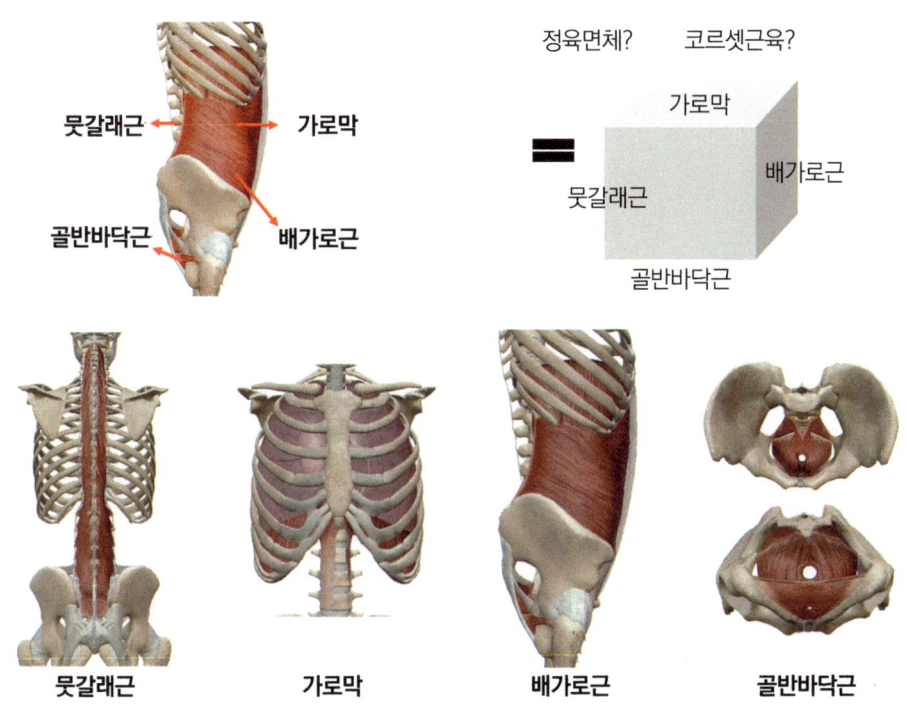

코어 근육은 깊은 층에서 척추에 밀접하게 부착되어 있는 근육으로 배곧은근, 배바깥빗근, 배속빗근, 배가로근, 척추세움근, 뭇갈래근, 허리네모근, 가로막 등으로 구성된 해부학적 상자로 정의된다. 실제 관점에서 볼 때 대부분의 운동 사슬의 힘을 사지로 전달하는 신체의 중심을 이루는 근육을 가리킨다.

이러한 코어 근육을 조금 더 해부해서 살펴보면, 표면에 위치하는 글로벌 근육과 깊은 층에 위치하는 로컬 근육으로 구분할 수 있다.

척주(Vertebral Column)

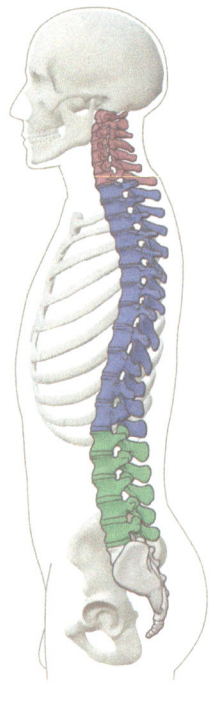

척주(Vertebral Column)는 머리뼈와 골반을 연결하는 몸의 중심축 역할을 하며, 26개의 척추뼈와 각 척추뼈 사이에 있는 23개의 척추원반(Intervertebral Disc)으로 구성되어 있다.

척주(Vertebral Column)=총 26개(소아 32~35개)

목뼈(Cervical Vertebra) - 7개
등뼈(Thoracic Vertebra) - 12개
허리뼈(Lumbar Vertebra) - 5개
엉치뼈(Sacrum) - 1개(5개)
꼬리뼈(Coccyx) - 1개(3~6개)

척주(Vertebral Column)는 충격완화 및 체중 분산을 위해 일직선(Straight)이 아닌 굽이(Curve)를 가지고 있다.

척추 중립 정렬 인지

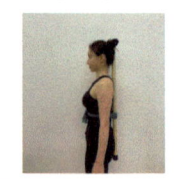

척추 분절 움직임 인지

어깨뼈(Scapula)

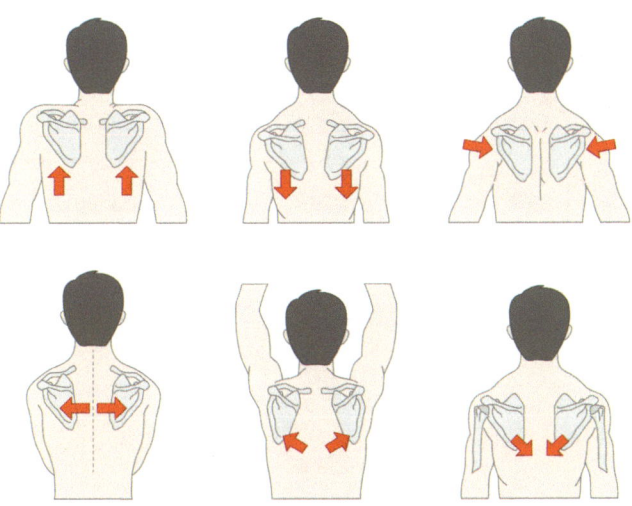

어깨가슴관절의 움직임

올림(Elevation) - 내림(Depression)

들임(Protraction) - 내밈(Retraction)

위쪽돌림(Upward Rotation) - 아래쪽돌림(Downward Rotation)

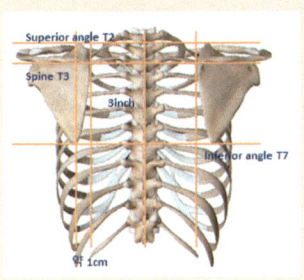 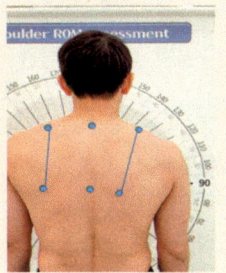

어깨의 불균형을 개선하기 위해서는 우선적으로 어깨뼈의 정렬을 파악하는 것이 중요하다.

골반 기울기(Pelvic Tilting) 및 골반 움직임 실습

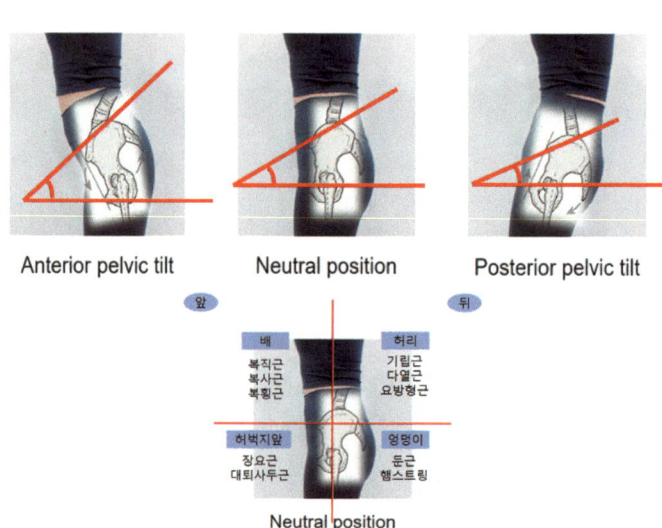

골반의 기울기(Pelvic tilt) – 곶-두덩결합-수평선 사이의 각 위골반문과 수평면 사이의 각도. 위골반문은 엉치뼈 곶과 두덩결합의 위모서리를 연결하는 면으로 선 자세에서 정상적인 골반 기울기 각은 약 60°이다.

골반이 앞이나 뒤로 기울면 이 각도도 따라서 증가하거나 감소한다.

골반이 앞으로 기울면 Pelvic의 기울기가 커지고 허리척추의 Lordosis는 증가된다.
골반이 뒤로 기울면 Pelvic의 기울기가 줄어들고 허리척추의 Lordosis는 감소된다.

골반의 중립이란 척추-골반 영역과 엉덩관절을 가장 이상적인 정렬로 배열하여 디스크와 같은 구조물들이 받는 압력이 최소화된 효율적인 상태를 말한다. 또한 코어 근육을 정상 길이로 만들어 가장 활성화가 잘 이루어지는 자세이다.

즉, 골반의 기울기 조절을 통해 허리 척추의 굽이를 조절할 수 있기 때문에 이를 이용해 허리 치료에 적용이 가능하다.

자세에 따른 용어 및 바른 정렬 실습

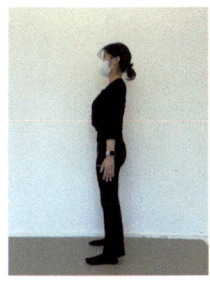

바로 선 자세(Standing position)

네발기기 자세(4Point Kneeling position)

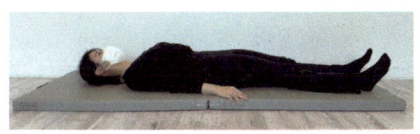

바로 누운 자세(Supine position)

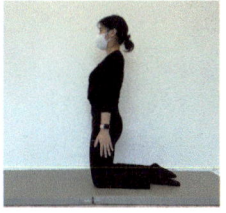

반무릎 자세(Half Kneeling position)

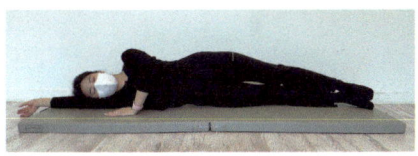

옆으로 누운 자세(Side lying position)

앉은 자세(Sitting position)

엎드린 자세(Prone position)

첫 수업 회원 가이드 구성하기

바로 누운 자세(Supine position)
1. 골반 중립 및 골반 경사 움직임 인지시키기
2. 척추 중립 정렬 세팅하기 위한 멘트
3. 호흡 인지시키기
4. 척추 분절 움직임 인지시키기

필라테스를 처음 배우는 고객에게 가장 기본적으로 교육해야 할 내용들을 스스로 만들어 보세요.

티칭 순서

1. Position 설명 - 운동 시작 전 자세에 대한 멘트
2. 보상작용 설명 - 운동 중에 긴장이나 보상을 최소화하기 위한 멘트
3. 호흡 멘트 + 시각적 관찰(Visual Palpation)
4. 동작 설명 - 운동의 목적을 효과적으로 달성하기 위한 멘트
5. 세트, 횟수, Holding - 회원의 운동 수준에 맞게 설정

브릿지 티칭 예시

1. Position 설명

시선은 천장을 바라본 채 바로 누운 자세에서 양쪽 무릎을 구부려 어깨 넓이로 둡니다. 양손은 손바닥이 바닥을 향하게 엉덩이 옆에 가볍게 내려놓으세요.

2. 보상작용 설명

골반 중립, 척추 중립, 턱 위치, 키 커지는 느낌에 대한 멘트(척추 정렬), 양쪽 무릎 넓이 유지하시고(다리 정렬), 목, 어깨 긴장 푸시고 어깨를 끌어 내려 주세요(상지 정렬).

3. 호흡 멘트 + 시각적 관찰(Visual Palpation)

코로 들이마시고, 입으로 내쉬는 호흡에 (이때 강사는 눈으로 회원의 가슴우리 움직임을 확인한다.)

4. 동작 설명

허리를 바닥으로 눌러 배꼽을 당기고 엉덩이를 조여(골반 후방 움직임) 꼬리뼈부터 바닥에서 서서히 들어 올릴 건데(분절 움직임 유도) 이때 무릎은 사선으로 길게 뻗어 내는 느낌(엉덩관절을 펴 내기 위한 큐잉)으로 갈비뼈는 닫고 복부를 납작하게 엉덩이 가볍게 조여 주시고(코어세팅, 협력수축 유도, 안정성) 마시고 내쉬는 호흡에 바닥에 도장 찍듯이(이미지 큐) 등척추부터 하나하나 내려와 꼬리뼈로 바닥을 콕 눌러 내세요(골반-허리 중립 원위치).

5. 세트, 횟수, Holding

이렇게 N번 진행하시고 마지막에 N초 홀딩하세요.

매트 필라테스
MAT PILATES

내 몸이 주체가 되어 움직이는 운동으로 공간의 제약이 적고 유연성, 균형감각, 근력 향상 등 본인의 몸을 컨트롤하며 사용하기에 효과적이지만 운동을 진행할 때 개개인별로 효과나 인지에 대한 차이가 생길 수 있기 때문에 정확한 지도가 필요하다.

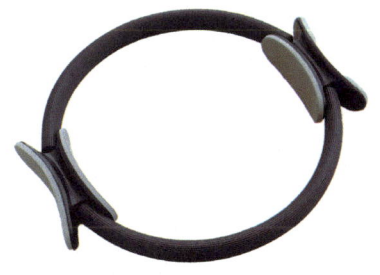

써클링은 탄성력과 높은 복원력으로 보다 안전하게 저항 운동을 진행할 수 있는 소도구이다. 좌우 동일한 위치에서 일정한 힘으로 저항을 이겨 내며 밸런스, 코어 근육 향상에 도움을 준다.

짐볼은 전신 근육 발달과 함께 유연성과 균형 감각을 향상시킬 수 있다. 신체의 움직임에 대한 인식을 시켜 운동 감각 발달에 도움을 준다는 점뿐만 아니라 비교적 저렴한 가격으로 가정에서도 쉽게 사용할 수 있는 소도구이다.

임프린팅(Imprinting) & 브레싱(Breathing)

1. 바로 누운 자세(Supine Position)에서 양 무릎을 세우고 양손은 천장 쪽으로 길게 뻗어 골반은 중립을 유지한다.

2. 갈비뼈를 배꼽 쪽으로 조이면서 내리고, 골반을 5°~10° 내로 몸쪽으로 끌고 오면서 하복부를 납작하게 만들어 준다.

3. 위앞엉덩뼈가시 안쪽에 손가락을 얹었을 때 배곧은근과 빗근의 경계에 힘이 들어가는 것이 느껴지는지 확인한다.

매트 임프린팅 및 브레싱 훈련

짐볼을 이용한 임프린팅 및 브레싱 훈련

골반 경사 움직임 인지

골반 전방경사(Anterior Pelvic Tilt)

골반 후방경사(Posterior Pelvic Tilt)

목적

골반 경사 운동 인지(Pelvic Anterior Tilting & Posterior Tilting Cognitive Movement)

허리-골반 영역 안정화(Lumbo-pelvic Stability)

등허리근막 활성화(Lumbodorsal Fascia Activation)

코어 근육 강화(Core Muscle Strengthening)

호흡법 인지(Cognitive Breathing)

주요 효과

코어 근육(Core Muscle)

호흡근(Breathing Muscle)

주의 사항

복부가 과하게 부풀어 올라오거나 가슴우리 하부가 과도하게 열리지 않게 주의한다. 보상작용으로 골반을 과하게 후방경사(Posterior Tilting)시키며 허리로 바닥을 누르지 않게 주의한다.

후방경사와 임프린팅

- 후방경사 - 골반을 뒤기울임시켜 코어보다 복근과 둔근이 먼저 개입되며, 허리의 뒷굽이를 유발하여 허리 뒤쪽의 공간이 사라지는 상태다.

- 임프린팅 - 척추-골반의 중립을 유지한 상태에서 코어를 활성화시켜 상·하복부와 척추 주변 근육, 골반바닥근이 동시에 수축되는 상태로 뒤로 기울이는 느낌은 들지만 허리 뒤쪽 공간은 사라지지 않고 약간 유지되는 상태다.

한 다리로 원 그리기 #1(One Leg Circle #1)

1. 바로 누운 자세(Supine Position)에서 바르게 누워 양손은 골반 옆에 둔다.

2. 한쪽 다리는 매트 방향으로 곧게 뻗어 내고 반대쪽 다리는 천장 방향으로 곧게 뻗어 준다.

3. 천장으로 올린 다리는 몸 바깥쪽으로 반원을 그린다. 이때 상체를 움직이지 않게 고정시킨다.

4. 반원을 그리며 시작 자세로 돌아온다.

목적

엉덩관절 움직임 증진(Hip Joint Movement Improvement)

협응력 증진(Coordination Improvement)

코어 근육 강화(Core Muscle Strengthening)

주요 효과

코어 근육(Core Muscle)

엉덩관절 굽힘근(Hip Flexor), 폄근(Hip Extension), 벌림근(Hip Abductor), 엉덩관절 모음근(Hip Adductor)

주의 사항

목, 어깨 주변부의 근육들이 긴장되지 않게 주의한다.

복부에 힘을 유지하며, 다리를 뻗어 내는 동안 허리-골반(Lumbo-Pelvic) 영역의 안정성(Stability)을 유지한다.

가동 범위가 나오지 않는 경우 서서히 점진적으로 늘려 준다.

1. Position 설명

시선은 천장을 바라본 채 바로 누운 자세에서 양다리는 어깨 넓이로 두시고, 양손은 손바닥이 바닥을 향하게 골반 옆에 가볍게 내려놓으세요.

2. 보상작용 설명

골반 중립, 척추 중립, 턱 위치, 키 커지는 느낌에 대한 멘트(척추 정렬), 목, 어깨 긴장 풀고 어깨를 끌어내려 주세요(상지 정렬). 한쪽 다리는 매트 방향으로 반대쪽 다리는 천장 방향으로 곧게 뻗어 주세요(다리 정렬).

3. 호흡 멘트 + 시각적 관찰(Visual Palpation)

코로 들이마시고, 입으로 내쉬는 호흡에 (이때 강사는 눈으로 회원의 가슴우리 움직임을 확인한다.)

4. 동작 설명

갈비뼈는 닫고 배꼽 끌어당긴 후(코어 활성화) 양 손바닥은 바닥을 눌러 상체를 고정시키는 동시에 천장으로 올린 다리를 몸 바깥쪽으로 천천히 원을 그리세요. 이때 반대쪽 골반이 뜨지 않게 유지해 주세요(보상작용 통제). 발끝으로 큰 원을 그린다는 느낌으로 천천히 시작 자세로 돌아오세요.

5. 세트, 횟수, Holding

이렇게 N번 진행할게요.

한 다리로 원 그리기 #2(One Leg Circle #2)

1. 바로 누운 자세(Supine Position)에서 바르게 누워 양손은 골반 옆에 둔다.

2. 한쪽 다리는 매트 방향으로 곧게 뻗어 내고 반대쪽 다리는 테이블 탑(Table Top) 해 준다.

3. 상체를 움직이지 않게 고정시키는 동시에 테이블 탑(Table Top)시킨 다리는 몸 바깥쪽으로 반원을 그리며 돌아온다.

목적

엉덩관절 움직임 증진(Hip Joint Movement Improvement)
협응력 증진(Coordination Improvement)
코어 근육 강화(Core Muscle Strengthening)

주요 효과

코어 근육(Core Muscle)
엉덩관절 굽힘근(Hip Flexor), 폄근(Hip Extension), 벌림근(Hip Abductor), 엉덩관절 모음근(Hip Adductor)

주의 사항

목, 어깨 주변부의 근육들이 긴장되지 않게 주의한다.
복부에 힘을 유지하며, 다리를 뻗어 내는 동안 허리-골반(Lumbo-Pelvic) 영역의 안정성(Stability)을 유지한다. 가동 범위가 나오지 않는 경우 서서히 점진적으로 늘려 준다.

1. Position 설명

시선은 천장을 바라본 채 바로 누운 자세에서 한쪽 다리를 매트 방향으로 곧게 뻗어 내고 반대쪽 다리는 테이블 탑 만들어 주세요. 양손은 손바닥이 바닥을 향하게 골반 옆에 가볍게 내려놓으세요.

2. 보상작용 설명

골반 중립, 척추 중립, 턱 위치, 키 커지는 느낌에 대한 멘트(척추 정렬), 목, 어깨 긴장 풀고 어깨를 끌어 내려 주세요(상지 정렬). 한쪽 다리는 매트 방향으로 곧게 뻗어 주시고, 반대쪽 다리는 테이블 탑 자세를 만들어 주세요(다리 정렬).

3. 호흡 멘트 + 시각적 관찰(Visual Palpation)

코로 들이마시고, 입으로 내쉬는 호흡에 (이때 강사는 눈으로 회원의 가슴우리 움직임을 확인한다.)

4. 동작 설명

갈비뼈는 닫고 배꼽 끌어당긴 후(코어 활성화) 양 손바닥은 바닥을 눌러 상체를 고정시키는 동시에 천장으로 올린 무릎을 몸 바깥쪽으로 천천히 원을 그리세요. 이때 반대쪽 골반이 뜨지 않게 유지해 주세요(보상작용 통제). 큰 원을 그린다는 느낌으로 천천히 시작 자세로 돌아오세요.

5. 세트, 횟수, Holding

이렇게 N번 진행할게요.

브릿지(Bridge)

1. 바로 누운 자세(Supine Position)에서 **양손은 손바닥이 바닥을 향하게 골반 옆에 두고 무릎을 세워 유지한다.**

2. 골반을 천장 쪽으로 말아 올려 주며, 골반-허리-등 순으로 들어 올린다.

3. 가슴에서 무릎까지 일직선을 만든다.

<소도구를 이용한 응용 동작>

써클링을 이용한 브릿지(Circle Ring Bridge)

벌림근 사용   모음근 사용

짐볼을 이용한 브릿지(Gym Ball Bridge)

목적
허리-골반 영역 안정화(Lumbo-pelvic Stability)
코어 근육 강화(Core Muscle Strengthening)
협응력 증진(Coordination Improvement)
복부-엉덩이-허리 근육의 동시 수축(Abdominal Muscle-Gluteal Muscle-Elector Spinae Co-Contraction)
척추 분절 움직임 증진(Spine Articulation Movement Improvement)

주요 효과
코어 근육(Core Muscle)
복근(Abdominal Muscle)
엉덩관절 폄근(Hip Extensor)
척추세움근(척추기립근, Elector Spinae)

주의 사항
목, 어깨 주변부의 근육들이 긴장되지 않게 주의한다.
동작 시작 전 골반은 중립을 유지하며 동작 중 허리-골반을 과하게 젖히지 않게 주의한다.

1. Position 설명

시선은 천장을 바라본 채 바로 누운 자세에서 양쪽 무릎을 구부려 어깨 넓이로 두시고, 양손은 손바닥이 바닥을 향하게 골반 옆에 가볍게 내려놓으세요.

2. 보상작용 설명

골반 중립, 척추 중립, 턱 위치, 키 커지는 느낌에 대한 멘트(척추 정렬), 양쪽 무릎 넓이 유지하시고(다리 정렬), 목, 어깨 긴장 푸시고 어깨를 끌어 내려 주세요(상지정렬).

3. 호흡 멘트 + 시각적 관찰(Visual Palpation)

코로 들이마시고, 입으로 내쉬는 호흡에 (이때 강사는 눈으로 회원의 가슴우리 움직임을 확인한다.)

4. 동작 설명

허리를 바닥으로 눌러 배꼽을 당기고, 엉덩이를 조여(골반 후방 움직임) 꼬리뼈부터 바닥에서 서서히 들어 올릴 건데(분절 움직임 유도) 이때 무릎은 사선으로 길게 뻗어 내는 느낌(엉덩관절을 펴 내기 위한 큐잉)으로 갈비뼈는 닫고 복부를 납작하게 엉덩이 가볍게 조여 주시고(코어세팅, 협력수축 유도, 안정성), 마시고 내쉬는 호흡에 바닥에 도장 찍듯이(이미지 큐) 등척추부터 하나하나 내려와 꼬리뼈로 바닥을 콕 눌러 내세요(골반-허리 중립 원위치).

5. 세트, 횟수, Holding

이렇게 N번 진행하시고 마지막에 N초 홀딩하세요.

싱글 레그 브릿지(Single Leg Bridge)

1. 바로 누운 자세(Supine Position)에서 양손은 손바닥이 바닥을 향하게 골반 옆에 두고 무릎을 세워 유지한다.

2. 골반을 천장 쪽으로 말아 올려 주며, 골반-허리-등 순으로 들어 올려 가슴에서부터 무릎까지 일직선을 만든다.

3. 한쪽 다리를 반대쪽 다리 허벅지 높이만큼 유지하며 앞으로 뻗어 낸다.

목적

허리-골반 영역 안정화(Lumbo-pelvic Stability)

코어 근육 강화(Core Muscle Strengthening)

협응력 증진(Coordination Improvement)

복부-엉덩이-허리 근육의 동시 수축(Abdominal Muscle-Gluteal Muscle-Elector Spinae Co-Contraction)

척추 분절 움직임 증진(Spine Articulation Movement Improvement)

주요 효과

코어 근육(Core Muscle)

복근(Abdominal Muscle)

엉덩관절 폄근(Hip Extensor), 벌림근(ABductor) 척추세움근(척추기립근, Elector Spinae)

주의 사항

목, 어깨 주변부의 근육들이 긴장되지 않게 주의한다.

동작 시작 전 골반은 중립을 유지하며 동작 중 허리-골반을 과하게 젖히지 않게 주의한다.

1. Position 설명

시선은 천장을 바라본 채 바로 누운 자세에서 양쪽 무릎을 구부려 어깨 넓이로 두시고, 양손은 손바닥이 바닥을 향하게 골반 옆에 가볍게 내려놓으세요.

2. 보상작용 설명

골반 중립, 척추 중립, 턱 위치, 키 커지는 느낌에 대한 멘트(척추 정렬), 양쪽 무릎 넓이 유지하시고(다리 정렬), 목, 어깨 긴장 푸시고 어깨를 끌어 내려 주세요(상지정렬).

3. 호흡 멘트 + 시각적 관찰(Visual Palpation)

코로 들이마시고, 입으로 내쉬는 호흡에 (이때 강사는 눈으로 회원의 가슴우리 움직임을 확인한다.)

4. 동작 설명

허리를 바닥으로 눌러 배꼽을 당기고, 엉덩이를 조여(골반 후방 움직임) 꼬리뼈부터 바닥에서 서서히 들어 올려 주세요(분절 움직임 유도). 이때 갈비뼈는 닫고 복부를 납작하게 엉덩이 가볍게 조여 주시고(코어 세팅, 협력수축 유도, 안정성), 한쪽 다리를 사선으로 길게 뻗어 내주세요(엉덩관절을 펴 내기 위한 큐잉). 뻗어 낸 다리 제자리로 돌아와 마시고 내쉬는 호흡에 바닥에 도장 찍듯이(이미지 큐) 등척추부터 하나하나 내려와 꼬리뼈로 바닥을 콕 눌러 내세요(골반-허리 중립 원위치).

5. 세트, 횟수, Holding

이렇게 N번 진행하시고 마지막에 N초 홀딩하세요.

크런치(Crunch)

1. 바로 누운 자세(Supine Position)에서 양 무릎을 세우고 양손은 가볍게 머리에 놓고 양 팔꿈치를 열어 준다.

2. 복부 수축을 하면서 고개부터 천천히 어깨뼈 아래각까지 매트에서 자연스럽게 떨어질 만큼만 말아 올라온다.

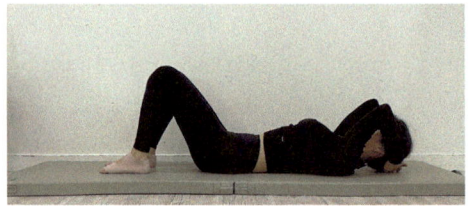 

<소도구를 이용한 응용 동작>
다양한 크런치 시리즈(Circle Ring Crunch)

써클링을 이용한 베이직 크런치(Basic Crunch)

써클링을 이용한 크리스 크로스(Criss Cross)

목적
허리-골반 영역 안정화(Lumbo-pelvic Stability)
코어 근육 강화(Core Muscle Strengthening)
복부 강화(Abdominal Strengthening)
척추 분절 움직임 증진(Spine Articulation Movement Improvement)

주요 효과
코어 근육(Core Muscle)
복근(Abdominal Muscle)
배곧은근(Rectus Abdominis), 배바깥빗근(External Oblique), 배속빗근(Internal Oblique)

주의 사항
목을 과하게 당기거나 목, 어깨 주변부의 근육들이 긴장되지 않게 주의한다.

1. Position 설명

시선은 천장을 바라본 채 바로 누운 자세에서 양쪽 무릎 구부려 어깨 넓이로 두시고, 양손은 깍지 끼워 뒤통수 위쪽에 두세요.

2. 보상작용 설명

골반 중립, 척추 중립, 턱 위치, 키 커지는 느낌에 대한 멘트(척추 정렬), 양쪽 무릎 넓이 유지하시고(다리 정렬), 목, 어깨 긴장 푸시고. 이때 팔꿈치는 가볍게 모아서 11자, 어깨 끌어 내려서 귀 옆에 간격 유지해 주세요(상지 정렬).

3. 호흡 멘트 + 시각적 관찰(Visual Palpation)

코로 들이마시고, 입으로 내쉬는 호흡에 (이때 강사는 눈으로 회원의 가슴우리 움직임을 확인한다.)

4. 동작 설명

갈비뼈를 닫고 복부 납작하게(코어 활성화) 척추를 길게 포물선 그리듯 시선 배꼽 바라보세요(신장). 이때 허리는 과도하게 말리지 않게(골반-허리 중립) 어깨뼈 아래각까지 올라오겠습니다. 마시고 내쉬는 호흡에 등으로 바닥을 눌러 내는 느낌으로 도장 찍듯이(이미지 큐) 내려오세요.

5. 세트, 횟수, Holding

이렇게 N번 진행하고 마지막에 N초 홀딩하세요.

토텝(Toe Tap)

1. 바로 누운 자세(Supine Position)에서 두 다리는 테이블 탑(Table Top) 자세를 만들고 양손은 골반 옆에 둔다.

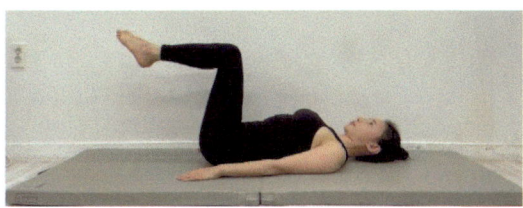

2. 한 발을 내려서 발끝이 바닥에 닿게 터치한다. 이때 고관절만 움직이고, 무릎은 접히거나 펴지지 않게 각도를 유지한다.

3. 반대쪽 다리도 반복한다.

목적
코어 근육 강화(Core Muscle Strengthening)
협응력 증진(Coordination Improvement)
허리-골반 영역 안정화(Lumbo-pelvic Stability)
등허리 근막 활성화(Lumbodorsal Fascia Activation)
복부 강화(Abdominal Strengthening)

주요 효과
코어 근육(Core Muscle)
복근(Abdominal Muscle)
엉덩관절 굽힘근(Hip Flexor)

주의 사항
목, 어깨 주변부의 근육들이 긴장되지 않게 주의한다.
복부에 힘을 유지하며, 다리를 움직이는 동안 허리-골반(Lumbo-Pelvic) 영역의 안정성(Stability)을 유지한다.
다리의 과도한 움직임에 주의한다.

1. Position 설명

시선은 천장을 바라본 채 바로 누운 자세에서 양쪽 무릎을 90°로 세워 테이블 탑 자세를 만드시고, 양손은 손바닥이 바닥을 향하게 골반 옆에 가볍게 내려놓으세요.

2. 보상작용 설명

골반 중립, 척추 중립, 턱 위치, 키 커지는 느낌에 대한 멘트(척추 정렬), 양쪽 무릎 넓이 유지하시고(다리 정렬), 목, 어깨 긴장 푸시고 어깨를 끌어 내려 주세요(상지 정렬).

3. 호흡 멘트 + 시각적 관찰(Visual Palpation)

코로 들이마시고, 입으로 내쉬는 호흡에 (이때 강사는 눈으로 회원의 가슴우리 움직임을 확인한다.)

4. 동작 설명

갈비뼈를 닫고 복부 납작하게(코어 활성화) 무릎 각도 유지하면서 발끝으로 가볍게 바닥을 터치하고 올라올 건데 엉덩관절로 제 손가락을 집는다는 느낌으로 올라오세요(이미지 큐). 이때 다리를 따라 골반과 허리가 젖혀지거나 말리지 않게 최대한 중립 유지하세요(골반-허리 중립).

5. 세트, 횟수, Holding

양다리 번갈아 가면서 이렇게 N번 진행할게요.

헌드레드(Hundred)

1. 바로 누운 자세(Supine Position)에서 두 다리는 테이블 탑(Table Top) 자세를 만들고 양 손은 골반 옆으로 뻗어 준 채 목 뒷부분을 늘리고 척추는 정렬을 맞춰 준다.

2-1. 배꼽을 척추 쪽으로 당기는 힘을 주며 턱을 자연스럽게 당겨 배꼽을 볼 수 있을 만큼만 올라온다.

3. 복부를 수축한 상태로 유지하며 손바닥은 지면에서 10cm 정도 띄워 수면 위를 두드리듯 다섯 번 숨 들이마시고, 다섯 회 내쉬는 호흡에 맞춰서 진행한다.

본 동작   짐볼을 이용한 응용 동작

2-2. 어깨에 긴장 들어가지 않게 자연스럽게 어깨뼈 아래각까지 말아 올라오는 동시에 양 무릎을 45°로 뻗어 낸다. 허벅지 안쪽에 긴장 유지한 채 발끝을 멀리 뻗어 준다.

목적

코어 근육 강화(Core Muscle Strengthening)
협응력 증진(Coordination Improvement)
허리-골반 영역 안정화(Lumbo-pelvic Stability)
등허리 근막 활성화(Lumbodorsal Fascia Activation)
복부 강화(Abdominal Strengthening)

주요 효과

코어 근육(Core Muscle)
복근(Abdominal Muscle)
호흡근(Breathing Muscle)

주의 사항

목, 어깨 주변부의 근육들이 긴장되지 않게 주의한다.
복부에 힘을 유지하며, 다리를 뻗어 내는 동안 허리-골반(Lumbo-Pelvic) 영역의 안정성(Stability)을 유지한다.
복부의 움직임을 확인하며, 리듬에 맞춰 올바른 호흡 패턴을 유지한다.

1. Position 설명

시선은 천장을 바라본 채 바로 누운 자세에서 2-1. 양쪽 무릎을 구부려 어깨 넓이(2-2. 양쪽 무릎 90°로 세워 테이블 탑 자세)로 두시고, 양손은 손바닥이 바닥을 향하게 골반 옆에 가볍게 내려놓으세요.

2. 보상작용 설명

골반 중립, 척추 중립, 턱 위치, 키 커지는 느낌에 대한 멘트(척추 정렬), 양쪽 무릎 넓이 유지하고(다리 정렬), 목, 어깨 긴장 푸시고 어깨를 끌어 내려 주세요(상지 정렬).

3. 호흡 멘트 + 시각적 관찰(Visual Palpation)

헌드레드라는 동작은 100회 호흡으로 그만큼 호흡에 집중해 주셔야 합니다(호흡 강조). 제가 1~10까지 숫자를 셀 건데 하나.둘.셋.넷.다섯에는 코로 숨을 천천히 들이마시고, 여섯.일곱.여덟.아홉.열에는 입으로 후.후.후.후.후 끊어서 뱉어 낼게요.

4. 동작 설명

양손은 바닥에서 10cm 띄워 손끝이 길어지는 느낌 유지하시고 고개는 포물선 그리듯 길어지는 느낌으로 배꼽 바라보시고(신장, 시선), 양손 수면 위를 두드리듯 박자 세면서 진행할게요.

5. 세트, 횟수, Holding

들/이/마/시/고 후/후/후/후/후 × 5 다시 한번 들/이/마/시/고 후/후/후/후/후 × 5 진행할게요.

척추 회전운동(Spine Twist)

1. 척추 정렬을 맞추고 양다리는 어깨 넓이로 열고, 양손은 앞으로 길게 뻗어 유지한다.

2. 머리-목-등 순서로 한쪽 방향으로 몸통을 회전한다.

3. 반대쪽도 동일하게 반복한다.

목적

척추 스트레칭(Spine Stretching)

몸통 돌림에 대한 분절 움직임 증진(The movement of each vertebrae to the Spinal rotation)

척추 회전에 대한 관절의 연결성 및 운동성 증진(Improvement of joint connectivity and mobility for spinal rotation)

주요 효과

몸통 주변부 근육 스트레칭

주의 사항

특정 분절의 과운동성이나 저운동성이 나타나지 않게 주의한다.

골반이나 다리에 보상성 변화가 나타나지 않게 주의한다.

가동 범위(ROM)가 제한될 시 서서히 늘려 준다.

1. Position 설명

정면을 보고 척추를 길게 세워 바로 앉은 자세에서 양손, 양다리는 곧게 펴 어깨 넓이로 열어 주세요.

2. 보상작용 설명

골반 중립, 척추 중립, 턱 위치, 키 커지는 느낌에 대한 멘트(척추 정렬), 양쪽 무릎 넓이 유지하고(다리 정렬), 목, 어깨 긴장 푸시고 손은 어깨보다 아래에 위치시켜 주세요(상지 정렬).

3. 호흡 멘트 + 시각적 관찰(Visual Palpation)

코로 들이마시고, 입으로 내쉬는 호흡에 (이때 강사는 눈으로 회원의 가슴우리 움직임을 확인한다.)

4. 동작 설명

왼팔을 열어 내는 동시에 시선은 손끝 따라가 가슴을 열어 척추 회전시켰다가 마시는 호흡에 제자리로 돌아올게요.

5. 세트, 횟수, Holding

이렇게 N번 진행하시고 마지막에 N초 홀딩하세요.

톱질(Saw)

1. 척추 정렬을 맞추고 양다리는 어깨 넓이로 열고, 양손은 옆으로 길게 뻗어 유지한다.

2. 몸통을 왼쪽 방향으로 회전하면서 오른쪽 손등이 왼쪽 새끼발가락을 향하게 밀어 준다. 이때 왼팔은 사선 뒤로 뻗어 회전시킨다.

목적
척추 스트레칭(Spine Stretching)

몸통 돌림에 대한 분절 움직임 증진(The movement of each vertebrae to the body rotation)

척추 회전에 대한 관절의 연결성 및 운동성 증진(Improvement of joint connectivity and mobility for spinal rotation)

주요 효과
몸통 주변부 근육 스트레칭

주의 사항
특정 분절의 과운동성이나 저운동성이 나타나지 않게 주의한다.

등이나 허리가 과하게 굽지 않게 주의한다.

골반이나 다리에 보상성 변화가 나타나지 않게 주의한다.

가동 범위(ROM)가 제한될 시 서서히 늘려 준다.

1. Position 설명

정면을 보고 척추를 길게 세워 바로 앉은 자세에서 양손을 옆으로 곧게 뻗어 주시고, 양다리는 곧게 펴서 어깨 넓이로 열어 주세요.

2. 보상작용 설명

골반 중립, 척추 중립, 턱 위치, 키 커지는 느낌에 대한 멘트(척추 정렬), 양쪽 무릎 넓이 유지하시고(다리 정렬), 목, 어깨 긴장 푸시고 손은 어깨보다 아래에 위치시켜 주세요(상지 정렬).

3. 호흡 멘트 + 시각적 관찰(Visual Palpation)

코로 들이마시고, 입으로 내쉬는 호흡에 (이때 강사는 눈으로 가슴우리 움직임을 확인한다.)

4. 동작 설명

왼팔을 열어 내는 동시에 시선은 손끝 따라가 가슴을 열고 척추 회전시켜 주시고, 오른쪽 손등이 왼쪽 새끼발가락을 향하여 톱질하듯 밀어 내셨다가 다시 상체 세워 제자리로 돌아올게요.

5. 세트, 횟수, Holding

이렇게 N번 진행하고 마지막에 N초 홀딩하세요.

스파인 스트레칭(Spine Stretching)

1. 척추 정렬을 맞추고 양다리는 어깨 넓이로 열고, 양손은 앞으로 길게 뻗어 유지한다.

2. 턱을 가슴 쪽으로 당겨 목-등-허리 순으로 분절 움직임을 만들며, 복부를 등 쪽으로 당기는 느낌 유지하며 내려간다.

3. 올라올 때는 반대로 허리-등-목 순으로 세워 준다.

<소도구를 이용한 응용 동작>

짐볼을 이용한 척추 분절 인지 및 스트레칭

목적
척추 스트레칭(Spine Stretching)
척추 분절 움직임 증진(Spine Articulation Movement Improvement)

주요 효과
몸통 폄근 스트레칭(Trunk Extensor Stretching)

주의 사항
머리-목-등 순으로 순차적으로 움직임이 나올 수 있게 유도한다.
특정 분절의 과운동성이나 저운동성이 나타나지 않게 주의한다.
골반이나 다리에 보상성 변화가 나타나지 않게 주의한다.
가동 범위(ROM)가 제한될 시 서서히 늘려 준다.

1. Position 설명

정면을 보고 척추를 길게 세워 바로 앉은 자세에서 양손, 양다리는 곧게 펴 어깨 넓이로 열어 주세요.

2. 보상작용 설명

골반 중립, 척추 중립, 턱 위치, 키 커지는 느낌에 대한 멘트(척추 정렬), 양쪽 무릎 넓이 유지하시고(다리 정렬), 목, 어깨 긴장 푸시고 손은 어깨보다 아래에 위치시켜 주세요(상지 정렬).

3. 호흡 멘트 + 시각적 관찰(Visual Palpation)

코로 들이마시고, 입으로 내쉬는 호흡에 (이때 강사는 눈으로 회원의 가슴우리의 움직임을 확인한다.)

4. 동작 설명

시선 바닥 바라보시고, 등척추부터 하나하나 천천히 구부리면서 양손 밀어 내려가셨다가(척추 분절), 이때 어깨 긴장 풀고, 무릎 펴고(긴장 및 보상 조절) 들이마시고 내쉬는 호흡에 배꼽을 등 쪽으로 당기는(지퍼 끌어 올리는) 느낌(코어, 허리-골반 분절)에 등척추를 아래쪽에서부터 하나하나 천천히 올라오시고, 마지막에 시선은 정면(척추 분절) 바라볼게요.

5. 세트, 횟수, Holding

이렇게 N번 진행하고 마지막에 N초 홀딩하세요.

롤 업 앤 다운(Roll Up & Down)

1. 두 다리와 팔을 길게 쭉 뻗어 어깨는 긴장을 풀고 척추는 정렬 맞춰 세워 준다.

2. 롤 다운(Roll Down) 골반을 후방경사로 만들고 허리부터 서서히 척추 분절을 이용하면서 자연스럽게 롤 다운(Roll Down)한다.

3. 롤 다운(Roll Down) 후 반듯하게 누워 정렬을 맞춘다.

4. 다시 역순으로 허리부터 등, 목 순으로 천천히 롤 업(Roll Up)하며 올라온다.

목적

코어 근육 강화(Core Muscle Strengthening)

협응력 증진(Coordination Improvement)

척추 분절 움직임 증진(Spine Articulation Movement Improvement)

골반 움직임 증진(Pelvic Movement Improvement)

허리-골반 영역 안정화(Lumbo-pelvic Stability)

주요 효과

코어 근육(Core Muscle)

복근(Abdominal Muscle)

척추 가동 범위 운동(Spine Rom Exercise)

척추 분절 운동(Spine Articulation Exercise)

주의 사항

목, 어깨 주변부의 근육들이 긴장되지 않게 주의한다.

머리-목-등 순으로 순차적으로 움직임이 나올 수 있게 유도한다.

특정 분절의 과운동성이나 저운동성이 나타나지 않게 주의한다.

1. Position 설명

정면을 보고 척추를 길게 세워 바로 앉은 자세에서 양손, 양다리는 곧게 펴 어깨 넓이로 열어 주세요.

2. 보상작용 설명

골반 중립, 척추 중립, 턱 위치, 키 커지는 느낌에 대한 멘트(척추 정렬), 양쪽 무릎 넓이 유지하시고(다리 정렬), 목, 어깨 긴장 푸시고 손은 어깨보다 아래에 위치시켜 주세요(상지 정렬).

3. 호흡 멘트 + 시각적 관찰(Visual Palpation)

코로 들이마시고, 입으로 내쉬는 호흡에 (이때 강사는 눈으로 회원의 가슴우리 움직임을 확인한다.)

4. 동작 설명

배꼽을 등 쪽으로 당기는(지퍼 끌어 올리는) 느낌(코어, 허리-골반 분절)으로 등척추 말아(등) 시선 배꼽(목) 바라보세요. C컬 만들어 허리부터 바닥에 닿을 수 있게 하나하나 내려갔다가(척추 분절), 들이마시고 내쉬는 호흡에 척추 길게 포물선 그리듯 시선 배꼽 바라보며 손끝 멀리 밀어 낸다는 느낌으로 어깨에 긴장 푼 채(긴장 및 보상 조절) 롤케이크 말 듯이 등척추부터 하나하나 천천히 올라오세요. 마지막에 척추는 바로 세워 주세요(척추 신장).

5. 세트, 횟수, Holding

이렇게 N번 진행하시고 마지막에 N초 홀딩하세요.

롤링 라이크 어 볼 #1(Rolling Like A Ball #1)

1. 본인의 체중을 엉치뼈 아랫부분에 두고 양 무릎은 구부려 가슴 쪽으로 당긴 채 양 손을 가볍게 무릎 앞쪽이나, 오금 아래쪽에 위치한다. 이때, 척추는 길게 뻗어 주고 정렬을 유지한다.

2. 골반을 후방경사(Posterior Tilting)시킨 다음 척추를 C 자 형태로 말아 몸을 뒤로 굴렸다가 곧바로 복부를 들어 올려 시작 자세로 돌아온다.

목적

균형 증진(Balance Improvement)

척추 스트레칭(Spine Stretching)

척추 분절 움직임 증진(Spine Articulation Movement Improvement)

주요 효과

척추 기립근(Elector Spinae)

등 신전근(Back Extensor)

코어 근육(Core Muscle)

주의 사항

반동을 이용한 과도한 동작으로 인해 목에 무리가 가지 않게 주의한다.

척추 질환 시 운동에 주의한다.

순차적인 움직임을 유도하고 구를 때 부딪치거나 소리가 나지 않게 주의한다.

1. Position 설명

정면을 보고 척추를 길게 세워 바로 앉은 자세에서 양쪽 무릎을 가볍게 구부려 주시고, 양손은 오금 아래쪽을 감싸 주세요.

2. 보상작용 설명

골반 중립, 척추 중립, 턱 위치, 키 커지는 느낌에 대한 멘트(척추 정렬), 양쪽 무릎 넓이 유지하시고(다리 정렬), 목, 어깨 긴장 푸시고 손은 어깨보다 아래에 위치시켜 주세요(상지 정렬).

3. 호흡 멘트 + 시각적 관찰(Visual Palpation)

코로 들이마시고, 입으로 내쉬는 호흡에 (이때 강사는 눈으로 회원의 가슴우리 움직임을 확인한다.)

4. 동작 설명

배꼽을 등 쪽으로 당기는(지퍼 끌어 올리는) 느낌(코어, 허리-골반 분절)으로 등척추 말아(등) 시선 배꼽(목) 바라보시고, C컬 만들어 뒤쪽으로 넘어가셨다가 돌아올게요.

5. 세트, 횟수, Holding

이렇게 N번 진행할게요.

롤링 라이크 어 볼 #2(Rolling Like A Ball #2)

1. 본인의 체중을 엉치뼈 아랫부분에 두고 양 무릎은 구부려 가슴 쪽으로 당겨 와 양손으로 가볍게 발목을 감싸 쥔 채 몸쪽으로 당겨 준다. 이때, 척추는 길게 뻗어 주고 정렬을 유지한다.

2. 골반을 후방경사(Posterior Tilting)시킨 다음 척추를 C 자 형태로 말아 몸을 뒤로 굴려 준다. 곧바로 복부를 들어 올려 시작 자세로 균형을 잡아 준다.

목적
균형 증진(Balance Improvement)
척추 스트레칭(Spine Stretching)
척추 분절 움직임 증진(Spine Articulation Movement Improvement)

주요 효과
척추 기립근(Elector Spinae)
등 신전근(Back Extensor)
코어 근육(Core Muscle)

주의 사항
반동을 이용한 과도한 동작으로 인해 목에 무리가 가지 않게 주의한다.
척추 질환 시 운동에 주의한다.
순차적인 움직임을 유도하고 구를 때 부딪치거나 소리가 나지 않게 주의한다.

1. Position 설명

정면을 보고 척추를 길게 세워 바로 앉은 자세에서 양쪽 무릎을 가볍게 구부려 열어 주시고, 양손은 발목을 감싸 쥐어 몸쪽으로 가볍게 당겨 주세요.

2. 보상작용 설명

골반 중립, 척추 중립, 턱 위치, 키 커지는 느낌에 대한 멘트(척추 정렬), 양쪽 무릎 넓이 유지하시고(다리 정렬), 목, 어깨 긴장 푸시고 손은 어깨보다 아래에 위치시켜 주세요(상지 정렬).

3. 호흡 멘트 + 시각적 관찰(Visual Palpation)

코로 들이마시고, 입으로 내쉬는 호흡에 (이때 강사는 눈으로 회원의 가슴우리 움직임을 확인한다.)

4. 동작 설명

배꼽을 등 쪽으로 당기는(지퍼 끌어 올리는) 느낌(코어, 허리-골반 분절)으로 등척추 말아(등) 시선 배꼽(목) 바라보시고, C컬 만들어 뒤쪽으로 넘어갔다가 돌아올게요.

5. 세트, 횟수, Holding

이렇게 N번 진행할게요.

롤링 라이크 어 볼 #3(Rolling Like A Ball #3)

1. 본인의 체중을 좌골 약간 아랫부분에 두고 양 무릎은 곧게 펴 어깨 넓이로 벌려 준 채 양손은 가볍게 발목을 감싸 쥔다. 이때, 척추를 길게 뻗어 주고 정렬을 유지한다.

2. 골반을 후방경사(Posterior Tilting)시킨 다음 척추를 C 자 형태로 말아 몸을 뒤로 굴려 준다. 곧바로 복부를 들어 올려 시작 자세로 균형을 잡아 준다.

목적
균형 증진(Balance Improvement)

척추 스트레칭(Spine Stretching)

척추 분절 움직임 증진(Spine Articulation Movement Improvement)

주요 효과
척추 기립근(Elector Spinae)

등 신전근(Back Extensor)

코어 근육(Core Muscle)

주의 사항
반동을 이용한 과도한 동작으로 인해 목에 무리가 가지 않게 주의한다.

척추 질환 시 운동에 주의한다.

순차적인 움직임을 유도하고 구를 때 부딪치거나 소리가 나지 않게 주의한다.

1. Position 설명

정면을 보고 척추를 길게 세워 바로 앉은 자세에서 양쪽 무릎을 곧게 펴 어깨 넓이로 벌려 주시고, 양손은 발목을 감싸 쥐어 몸쪽으로 가볍게 당겨 주세요.

2. 보상작용 설명

골반 중립, 척추 중립, 턱 위치, 키 커지는 느낌에 대한 멘트(척추 정렬), 양쪽 무릎 넓이 유지하시고(다리 정렬), 목, 어깨 긴장 푸시고 손은 어깨보다 아래에 위치시켜 주세요(상지 정렬).

3. 호흡 멘트 + 시각적 관찰(Visual Palpation)

코로 들이마시고, 입으로 내쉬는 호흡에 (이때 강사는 눈으로 회원의 가슴우리 움직임을 확인한다.)

4. 동작 설명

배꼽을 등 쪽으로 당기는(지퍼 끌어 올리는) 느낌(코어, 허리-골반 분절)으로 등척추 말아(등) 시선 배꼽(목) 바라보시고, C컬 만들어 뒤쪽으로 넘어갔다가 돌아올게요.

5. 세트, 횟수, Holding

이렇게 N번 진행할게요.

롤 오버(Roll Over)

1. 바로 누운 자세(Supine Position)에서 양손은 옆구리 라인 따라 길게 두고, 양다리는 무릎을 펴 45°로 길게 뻗어 준다.

본 동작   **짐볼을 이용한 응용 동작**

2. 양손으로 바닥을 눌러 내면서 두 다리는 머리를 향해 위로 넘겨 주며 척추를 하나하나 매트에서 말아 올라갔다가, 다시 호흡과 함께 반대로 척추를 매트에 도장 찍듯이 분절하며 시작 자세로 돌아온다.

목적
척추 스트레칭(Spine Stretching)
척추 분절 운동(Spine Articulation Exercise)
코어 근육 강화(Core Muscle Strengthening)
협응력 증진(Coordination Improvement)
복부 강화(Abdominal Strengthening)

주요 효과
코어 근육(Core Muscle)
복근(Abdominal Muscle)
어깨 안정화근(Scapular Stabilizers)
엉덩관절 굽힘근(Hip Flexor), 폄근(Hip Extensor)

주의 사항
반동을 써서 과도하게 움직이지 않게 주의한다.
목, 어깨 부위에 과도한 긴장으로 무리가 가지 않도록 주의한다.
척추 질환 시 운동에 주의한다.

1. Position 설명

시선은 천장을 바라본 채 바로 누운 자세에서 양다리는 곧게 천장을 향해 뻗어 주시고, 양손은 손바닥이 바닥을 향하게 골반 옆에 가볍게 내려놓으세요.

2. 보상작용 설명

골반 중립, 척추 중립, 턱 위치, 키 커지는 느낌에 대한 멘트(척추 정렬), 목, 어깨 긴장 풀고 어깨 끌어 내린 채 양손으로 바닥을 가볍게 눌러 내주세요(상지 정렬).

3. 호흡 멘트 + 시각적 관찰(Visual Palpation)

코로 들이마시는 호흡에 두 다리를 살짝 내렸다가, 입으로 내쉬는 호흡에 (이때 강사는 눈으로 회원의 가슴우리 움직임을 확인한다.)

4. 동작 설명

양손으로 바닥을 눌러 내는 동시에(후면 코어) 반동 쓰지 마시고 하복부 힘으로 두 다리를 천천히 넘겨 주세요. 다시 들이마시고 내쉬는 호흡에 갈비뼈 닫고, 복부 납작하게(코어, 허리-골반 안정화) 등척추부터 하나하나 도장 찍듯이(척추 분절) 천천히 내려와 제자리로 돌아오세요.

5. 세트, 횟수, Holding

이렇게 N번 진행하고 마지막에 N초 홀딩하세요.

잭 나이프(Jack Knife)

1. 바로 누운 자세(Supine Position)에서 양손은 옆구리 라인 따라 길게 두고, 양다리는 무릎을 펴 천장으로 길게 뻗어 준다.

2. 마시는 호흡에 두 다리를 살짝 내렸다가 내쉬는 호흡에 양손으로 바닥을 눌러 내면서 두 다리는 머리를 향해 위로 넘겨 주고 척추를 하나하나 매트에서 말아 올린다.

3. 골반의 위치를 유지하며 두 다리를 천장으로 포물선 그리듯 밀어 올린다. (불안정 할 시 양손 허리)

<소도구를 이용한 응용 동작>

짐볼을 이용한 잭 나이프(Jack knife)

목적

척추 스트레칭(Spine Stretching)

척추 분절 운동(Spine Articulation Exercise)

코어 근육 강화(Core Muscle Strengthening)

협응력 증진(Coordination Improvement)

복부 강화(Abdominal Strengthening)

주요 효과

코어 근육(Core Muscle)

복근(Abdominal Muscle)

어깨 안정화근(Scapular Stabilizers)

엉덩관절 굽힘근(Hip Flexor), 폄근(Hip Extensor)

주의 사항

반동을 써서 과도하게 움직이지 않게 주의한다.

목, 어깨 부위에 과도한 긴장이 무리가 가지 않도록 주의한다.

척추 질환 시 운동에 주의한다.

1. Position 설명

시선은 천장을 바라본 채 바로 누운 자세에서 양다리를 곧게 천장을 향해 뻗어 주시고, 양손은 손바닥이 바닥을 향하게 골반 옆에 가볍게 내려놓으세요.

2. 보상작용 설명

골반 중립, 척추 중립, 턱 위치, 키 커지는 느낌에 대한 멘트(척추 정렬), 목, 어깨 긴장 풀고 어깨 끌어 내리고 양손은 바닥을 가볍게 눌러 내 주세요(상지 정렬).

3. 호흡 멘트 + 시각적 관찰(Visual Palpation)

코로 들이마시는 호흡에 두 다리를 살짝 내렸다가, 입으로 내쉬는 호흡에 (이때 강사는 눈으로 회원님의 가슴우리 움직임을 확인한다.)

4. 동작 설명

양손 바닥 눌러 내는 동시에(후면 코어) 반동 쓰지 마시고 하복부 힘으로 두 다리를 천천히 넘겨 주세요. 이때 갈비뼈 조이고, 복부와 엉덩이 힘 유지하면서(코어, 허리-골반 안정화) 양 발끝 포물선 그리듯이 길게 천장으로 밀어 주세요. 들이마시는 호흡에 엉덩관절을 접어 다시 내려 주시고, 천천히 내쉬면서 등척추부터 하나하나 도장 찍듯이 천천히 내려와(척추 분절) 제자리로 돌아오세요.

5. 세트, 횟수, Holding

이렇게 N번 진행하고 마지막에 N초 홀딩하세요.

싱글-레그 스트레칭(Single-Leg Stretching)

1. 테이블 탑(Table Top) 자세에서 양손은 옆구리 라인으로 쭉 뻗어 주고 양 무릎은 90°로 구부려 준비한다.

2. 숨을 들이마시고 내쉬면서 한쪽 다리를 비스듬히 뻗어 준다. 이때 양손은 가볍게 구부려진 무릎을 터치해 준다.

3. 좌우 다리를 교차하며 동작을 반복한다.

<소도구를 이용한 응용 동작>

써클링을 이용한 싱글-레그 스트레칭(Single-Leg Stretching)

짐볼을 이용한 싱글-레그 스트레칭(Single-Leg Stretching)

목적
허리-골반 영역 안정화(Lumbo-pelvic Stability)
협응력 증진(Coordination Improvement)
등허리 근막 활성화(Lumbodorsal Fascia Activation)
복부 강화(Abdominal Strengthening)

주요 효과
코어 근육(Core Muscle)
복근(Abdominal Muscle)
엉덩관절 굽힘근(Hip Flexor), 폄근(Hip Extensor)

주의 사항
목, 어깨 주변부의 근육들이 긴장되지 않게 주의한다.
복부에 긴장을 유지하며, 다리를 교차로 뻗는 동안 골반 중립 자세(Pelvic Netural Position)를 유지한다.
다수의 수업을 진행하는 경우 같은 박자를 맞출 수 있도록 카운터를 센다.

1. Position 설명

시선은 천장을 바라본 채 바로 누운 자세에서 양쪽 무릎 90°로 세워 테이블 탑 자세를 만드세요. 양손은 손바닥이 바닥을 향하게 골반 옆에 가볍게 내려놓으세요.

2. 보상작용 설명

골반 중립, 척추 중립, 턱 위치, 키 커지는 느낌에 대한 멘트(척추 정렬), 양쪽 무릎 넓이 유지하시고(다리 정렬), 목, 어깨 긴장 푸시고 어깨를 끌어 내려 주세요(상지 정렬).

3. 호흡 멘트 + 시각적 관찰(Visual Palpation)

코로 들이마시고, 입으로 내쉬는 호흡에 (이때 강사는 눈으로 회원의 가슴우리 움직임을 확인한다.)

4. 동작 설명

이 운동은 두 다리를 교차하면서 뻗어 내는 동작인데 이때 허리가 과하게 뜨지 않게 갈비뼈를 닫고 복부 납작하게(코어, 허리-골반 안정화) 유지해 주세요. 고개는 포물선 그리듯 길어지는 느낌으로(경추 긴장 억제 및 신장) 무릎 바라보면서 한쪽 다리를 멀리 뻗어 내고 몸쪽으로 오는 무릎을 양손으로 가볍게 터치할게요.

5. 세트, 횟수, Holding

양다리 번갈아 가며 이렇게 N번 진행하세요.

더블-레그 스트레칭(Double-Leg Stretching)

1. 테이블 탑(Table Top) 자세로 매트에 누운 채 양손을 무릎에 위치하고, 상체는 어깨뼈 아래각(Scapular Inferior Angle)까지 띄운다. 시선은 복부에 위치하며, 자세를 유지한다.

2. 복부 수축하며 다리를 45°로 뻗어 주고 동시에 양팔도 머리 위로 뻗어 올린다.

<소도구를 이용한 응용 동작>

짐볼을 이용한 더블-레그 스트레칭(Double-Leg Stretching)

목적

허리-골반 영역 안정화(Lumbo-pelvic Stability)

협응력 증진(Coordination Improvement)

등허리 근막 활성화(Lumbodorsal Fascia Activation)

복부 강화(Abdominal Strengthening)

주요 효과

코어 근육(Core Muscle)

복근(Abdominal Muscle)

엉덩관절 굽힘근(Hip Flexor), 폄근(Hip Extensor)

어깨 안정화근(Scapular Stabilizers)

주의 사항

목, 어깨 주변부의 근육들이 긴장되지 않게 주의한다.

복부에 긴장을 유지하며, 다리를 교차로 뻗는 동안 골반 중립 자세(Pelvic Netural Position)를 유지한다.

다수의 수업을 진행하는 경우 같은 박자를 맞출 수 있도록 카운터를 센다.

1. Position 설명

시선은 천장을 바라본 채 바로 누운 자세에서 양쪽 무릎을 90°로 세워 테이블 탑 자세를 만들어 주세요. 이때 고개는 포물선 그리듯 길어지는 느낌으로 무릎 바라보면서 양손은 가볍게 무릎을 감싸 안은 채 몸쪽으로 당겨 주세요.

2. 보상작용 설명

골반 중립, 척추 중립, 턱 위치, 키 커지는 느낌에 대한 멘트(척추 정렬), 양쪽 무릎 넓이 유지하시고(다리 정렬), 목, 어깨 긴장 푼 채 어깨를 끌어 내려주세요(상지 정렬).

3. 호흡 멘트 + 시각적 관찰(Visual Palpation)

코로 들이마시고, 입으로 내쉬는 호흡에 (이때 강사는 눈으로 회원의 가슴우리 움직임을 확인한다.)

4. 동작 설명

이 운동은 두 다리를 교차하면서 뻗어 내는 동작인데 이때 허리가 과하게 뜨지 않게 갈비뼈를 닫고 복부 납작하게(코어, 허리-골반 안정화) 유지해 주세요. 두 팔다리를 위아래로 멀리 뻗어 냈다가 제자리도 돌아와 가볍게 터치할게요.

5. 세트, 횟수, Holding

이렇게 N번 진행하고 마지막에 N초 홀딩하세요.

시저 #1(Scissors #1)

1. 바로 누운 자세(Supine Position)에서 양다리를 천장으로 길게 뻗고 양손은 무릎을 감싸듯이 잡아 유지한다.

2. 상체는 어깨뼈 아래각까지 올라오고, 한쪽 다리를 천장 쪽으로 뻗어 양손으로 가볍게 잡고, 반대쪽 다리는 아래쪽으로 뻗어 준다. 이때 몸쪽으로 오는 다리를 양손으로 감싸듯이 가볍게 당겨 온다.

3. 좌우 다리를 교차하며, 동작을 반복한다.

시저 #2(Scissors #2)

1. 바로 누운 자세(Supine Position)에서 척추를 분절하여 다리를 머리 방향으로 넘기고 양손으로 골반을 받쳐 준다.

2. 한쪽 다리는 몸 방향으로, 반대쪽 다리는 매트 방향으로 열어 준다. 이때 양쪽 다리는 대칭적으로 움직인다.

3. 좌우 다리를 교차하며, 동작을 반복한다.

목적
엉덩관절 움직임 증진(Hip Joint Movement Improvement)
협응력 증진(Coordination Improvement)
코어 근육 강화(Core Muscle Strengthening)
복부 강화(Abdominal Strengthening)

주요 효과
코어 근육(Core Muscle)
복근(Abdominal Muscle)
엉덩관절 굽힘근(Hip Flexor), 폄근(Hip Extensor)

주의 사항
목, 어깨 주변부의 근육들이 긴장되지 않게 주의한다.
복부에 긴장을 유지하며, 다리를 뻗어 내는 동안 허리-골반(Lumbo-Pelvic) 영역의 안정성(Stability)을 유지한다.
가동 범위가 나오지 않는 경우 서서히 점진적으로 늘려 준다.

1. Position 설명

시선은 천장을 바라본 채 바로 누운 자세에서 양다리를 곧게 천장을 향해 뻗어 주세요. 이때 고개는 포물선 그리듯 길어지는 느낌으로 무릎 바라보면서 양손은 가볍게 무릎을 감싸 안아 몸쪽으로 당겨 주세요.

2. 보상작용 설명

골반 중립, 척추 중립, 턱 위치, 키 커지는 느낌에 대한 멘트(척추 정렬), 목, 어깨 긴장 푼 채 어깨 끌어 내리고 양손으로 바닥을 가볍게 눌러 주세요(상지 정렬).

3. 호흡 멘트 + 시각적 관찰(Visual Palpation)

코로 들이마시고, 입으로 내쉬는 호흡에 (이때 강사는 눈으로 회원의 가슴우리 움직임을 확인한다.)

4. 동작 설명

이 운동은 두 다리를 가위질하듯이 교차하는 동작인데 이때 허리가 뜨지 않게 갈비뼈를 닫고 복부 납작하게(코어, 허리-골반 안정화) 유지할게요. 한쪽 다리는 매트 쪽으로 뻗어 주시고, 반대쪽 다리는 몸쪽으로 뻗어 주세요. 이때 이마가 무릎에 닿는다는 느낌으로 몸쪽으로 오는 다리를 양손으로 가볍게 터치하며 당겨 주세요.

5. 세트, 횟수, Holding

양다리 번갈아 가며 이렇게 N번 진행할게요.

하늘자전거(Bicycle)

1. 바로 누운 자세(Supine Position)에서 척추를 분절하여 다리를 머리 방향으로 넘기고 양손으로 골반을 받쳐 준다.

2. 한쪽 다리는 몸 방향으로, 반대쪽 다리는 매트 방향으로 열어 무릎을 접어 준다.

3. 무릎 접은 다리와 앞다리를 교차하며 동작을 반복한다.

목적

엉덩관절 가동성 운동(Hip Joint Rom Exercise)
협응력 증진(Coordination Improvement)
코어 근육 강화(Core Muscle Strengthening)
복부 강화(Abdominal Strengthening)

주요 효과

코어 근육(Core Muscle)
복근(Abdominal Muscle)
엉덩관절 굽힘근(Hip Flexor)

주의 사항

목, 어깨 주변부의 근육들이 긴장되지 않게 주의한다.
복부에 긴장을 유지하며, 다리를 뻗어 내는 동안 허리-골반(Lumbo-Pelvic) 영역의 안정성(Stability)을 유지한다.
가동 범위가 나오지 않는 경우 서서히 점진적으로 늘려 준다.

1. Position 설명

시선은 천장을 바라본 채 바로 누운 자세에서 양다리는 곧게 천장을 향해 뻗어 주세요. 양손은 손바닥이 바닥을 향하게 엉덩이 옆에 가볍게 내려놓으세요.

2. 보상작용 설명

골반 중립, 척추 중립, 턱 위치, 키 커지는 느낌에 대한 멘트(척추 정렬), 목, 어깨 긴장 푼 채 어깨 끌어 내리고 양손으로 바닥을 가볍게 눌러 주세요.(상지 정렬).

3. 호흡 멘트 + 시각적 관찰(Visual Palpation)

코로 들이마시는 호흡에 두 다리를 살짝 내렸다가, 입으로 내쉬는 호흡에 (이때 강사는 눈으로 회원의 가슴우리 움직임을 확인한다.)

4. 동작 설명

양 손바닥을 눌러 내는 동시에 반동 쓰지 마시고 하복부 힘으로 두 다리를 천천히 넘겨 주세요. 이때 갈비뼈 조이고, 복부와 엉덩이 힘 유지하면서(코어, 허리-골반 안정화) 양 발끝 포물선 그리듯이 길게 천장으로 밀어 주세요. 한쪽 다리는 매트 쪽으로 무릎을 구부려 주시고, 반대쪽 다리는 몸쪽으로 뻗어 주세요. 들이마시고 내쉬는 호흡에 양다리를 자전거 타듯이 교차해 주세요.

5. 세트, 횟수, Holding

양다리 번갈아 가며 이렇게 N번 진행하세요.

티저(Teaser)

1. 바로 누운 자세(Supine Position)에서 두 다리는 테이블 탑(Table Top) 자세를 만들고 양손은 천장 쪽으로 뻗어 준다.

2. 양 무릎을 길게 뻗은 동시에 상체를 말아 올리며, 꼬리뼈에 체중을 둔 채 몸을 V 자로 유지한다.

<소도구를 이용한 응용 동작>

써클링을 이용한 티저-더블(Teaser-Double)

써클링을 이용한 티저-싱글(Teaser-Single)

목적

허리-골반 영역 안정화(Lumbo-pelvic Stability)

코어 근육 강화(Core Muscle Strengthening)

협응력 증진(Coordination Improvement)

복부-허리 근육의 동시 수축(Abdominal Muscle-Gluteal Muscle-Elector Spinae Co-Contraction)

척추 분절 움직임 증진(Spine Articulation Movement Improvement)

주요 효과

코어 근육(Core Muscle)

복근(Abdominal Muscle)

척추세움근(척추기립근, Elector Spinae)

엉덩관절 굽힘근(Hip Flexor)

주의 사항

목, 어깨 주변부의 근육들이 긴장되지 않게 주의한다.

반동을 써서 과도하게 움직이지 않게 주의한다.

복부에 긴장을 유지하며, 다리를 뻗는 동안 골반 중립 자세(Pelvic Netural Position)를 유지한다.

1. Position 설명

시선은 천장을 바라본 채 바로 누운 자세에서 양쪽 무릎을 90°로 세워 테이블 탑 자세를 만들고, 양 손끝은 천장을 향하게 곧게 뻗어 주세요.

2. 보상작용 설명

골반 중립, 척추 중립, 턱 위치, 키 커지는 느낌에 대한 멘트(척추 정렬), 양쪽 무릎 넓이 유지하고(다리 정렬), 목, 어깨 긴장 푼 채 어깨를 끌어 내려 주세요(상지 정렬).

3. 호흡 멘트 + 시각적 관찰(Visual Palpation)

코로 들이마시고, 입으로 내쉬는 호흡에 (이때 강사는 눈으로 회원의 가슴우리 움직임을 확인한다.)

4. 동작 설명

척추를 포물선 그리듯 길게(경추 긴장 억제 및 신장) 배꼽 바라보시고 양손 뻗어 내는 동시에 두 다리 펴서 상체 일으켜 주세요. 이때 무게 중심은 꼬리뼈, 어깨에 긴장 풀고, 손끝 밀어 낸다는 느낌 유지해 주세요(보상작용 억제). 들이마시고 내쉬는 호흡에 두 다리 접어 둥글게 말아 주시고 C컬 유지하면서 허리부터 천천히 하나하나 바닥에 닿을 수 있게(척추 분절) 내려갈게요.

5. 세트, 횟수, Holding

양다리 번갈아 가면서 이렇게 N번 진행하세요.

힙 트위스트(Hip Twist)

1. 앉은 자세(Sitting Position)에서 팔꿈치를 구부려 상체는 세워 주고 양다리는 테이블 탑(Table Top) 자세를 만들어 유지한다.

2. 상체를 유지하며 두 발을 길게 뻗어 오른쪽 방향으로 원을 그린다.

<소도구를 이용한 응용 동작>

짐볼을 이용한 프로그 레그(Frog Leg)나 힙 트위스트(Hip Twist) 동작으로 비슷한 효과를 줄 수 있다.

목적

허리-골반 영역 안정화(Lumbo-pelvic Stability)

협응력 증진(Coordination Improvement)

복부 강화(Abdominal Strengthening)

주요 효과

복근(Abdominal Muscle)

엉덩관절 굽힘근(Hip Flexor)

어깨 안정화근(Scapular Stabilizers)

주의 사항

목, 어깨 주변부의 근육들이 긴장되지 않게 주의한다.

원을 그릴 때 척추를 바로 세울 수 있게 하고 골반이 중심을 벗어나지 않게 주의한다.

1. Position 설명

앉은 자세에서 팔꿈치를 수직으로 세워 뒤로 기대 주시고, 양손은 일직선으로 바닥을 지그시 눌러 주세요. 양쪽 무릎 90°로 세워 테이블 탑 자세를 만들어 주세요.

2. 보상작용 설명

골반 중립, 척추 중립, 턱 위치, 키 커지는 느낌에 대한 멘트(척추 정렬), 양쪽 무릎 각도 유지하시고(다리 정렬), 목, 어깨 긴장 푼 채 어깨를 끌어 내려 주세요(상지 정렬).

3. 호흡 멘트 + 시각적 관찰(Visual Palpation)

코로 들이마시고, 입으로 내쉬는 호흡에 (이때 강사는 눈으로 회원의 가슴우리 움직임을 확인한다.)

4. 동작 설명

두 다리 사선으로 길게 뻗어 발끝으로 왼쪽 방향부터 원을 그려 주세요.

5. 세트, 횟수, Holding

이렇게 N번 진행하고 반대쪽도 동일하게 N번 진행하세요.

캣 스트레칭(Cat Stretching)

1. 양손, 양다리를 어깨 넓이로 네발기기 자세(4Point Kneeling Position)을 만든다.

본 동작

짐볼을 이용한 스파인 스트레칭
(Spine Stretching)

2. 복부 수축시키며 등을 둥글게 말아 올려 척추 후관절을 열어 준다.

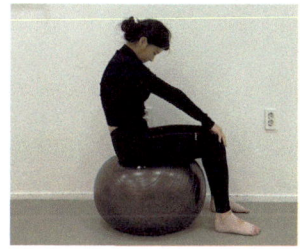

3. 반대로 척추를 바닥으로 눌러 준다는 느낌으로 척추 후관절을 닫아 준다.

목적
척추 스트레칭(Spine Stretching)
척추 분절 움직임 증진(Spine Articulation Movement Improvement)

주요 효과
몸통의 폄근(Trunk Extensor)
몸통의 굽힘근(Trunk Flexor)
어깨가슴관절 내밈근(S-T Joint Protractor)

주의 사항
척추 정렬과 사지의 정렬이 무너지지 않게 주의한다.
특정 분절의 과운동성이나 저운동성이 나타나지 않게 주의한다.

1. Position 설명

양손 양다리를 어깨 넓이, 수직으로 세워 네발기기 자세를 만들어 주세요. 양손은 비스듬히 등을 천장으로 밀어 낸다는 느낌으로 바닥을 지그시 눌러 주세요. 양쪽 무릎 90°를 만들어 유지해 주세요.

2. 보상작용 설명

골반 중립, 척추 중립, 턱 위치, 키 커지는 느낌에 대한 멘트(척추 정렬), 양쪽 무릎 각도 유지하고(다리 정렬), 목, 어깨 긴장 푼 채 어깨를 끌어 내려 주세요(상지 정렬).

3. 호흡 멘트 + 시각적 관찰(Visual Palpation) + 동작 설명

코로 들이마시고 척추를 바닥으로 눌러 준다는 느낌으로 척추 후관절을 닫아 주고, 입으로 내쉬는 호흡에 척추 길어진다는 느낌으로 시선 배꼽 바라보시고 등을 둥글게 말아 올려 척추 후관절을 열어 주세요.

4. 세트, 횟수, Holding

이렇게 N번 진행하고 마지막에 N초 홀딩하세요.

쿼드루프트(Quadruped)

1. 양손, 양다리를 어깨 넓이로 네발기기 자세(4Point Kneeling Position)를 만든다.

2. 한쪽 손과 반대쪽 다리를 일직선으로 들어 올려 준다. 이때 몸통이 흔들리지 않게 주의한다.

3. 반대쪽도 동일하게 진행한다.

목적
허리-골반 영역 안정화(Lumbo-pelvic Stability)
복부-엉덩이-허리 근육의 동시 수축(Abdominal Muscle-Gluteal Muscle-Elector Spinae Co-Contraction)
코어 근육 강화(Core Muscle Strengthening)
협응력 증진(Coordination Improvement)

주요 효과
코어 근육(Core Muscle)
척추세움근(척추기립근, Elector Spinae)
어깨관절 굽힘근(Shoulder Flexor)
엉덩관절 폄근(Hip Extensor)

주의 사항
목, 어깨 주변부의 근육들이 긴장되지 않게 주의한다.
척추 정렬과 사지의 정렬이 무너지지 않게 주의한다.
허리가 과젖힘되지 않게 골반 중립 자세(Pelvic Netural Position)를 유지할 수 있을 만큼 사지를 들어 올린다.

1. Position 설명

양손 양다리를 어깨 넓이 수직으로 세워 네발기기 자세를 만들어 주세요. 양손은 비스듬히 등을 천장으로 밀어 낸다는 느낌으로 바닥을 지그시 눌러 주세요. 양쪽 무릎을 90°로 만들어 유지해 주세요.

2. 보상작용 설명

골반 중립, 척추 중립, 턱 위치, 키 커지는 느낌에 대한 멘트(척추 정렬), 양쪽 무릎 각도 유지하고(다리 정렬), 목, 어깨에 긴장 푼 채 어깨를 끌어 내려 주세요(상지 정렬).

3. 호흡 멘트 + 시각적 관찰(Visual Palpation)

코로 들이마시고, 입으로 내쉬는 호흡에 (이때 강사는 눈으로 회원의 가슴우리 움직임을 확인한다.)

4. 동작 설명

한손과 반대쪽 다리를 수평하게 일직선으로 들어 올려 주세요. 이때 버티고 있는 손은 어깨 무너지지 않게 유지해 주시고, 들어 올린 손과 다리는 멀리 뻗어 낸다는 느낌 유지해 주세요. 다시 들이마시고 내쉬는 호흡에 반대쪽 팔다리 동일하게 진행해 주세요.

5. 세트, 횟수, Holding

양손, 양다리 번갈아 가면서 이렇게 N번 진행하세요.

스완(Swan)

1. 엎드린 자세(Prone Position)에서 두 다리를 뻗어 주고 양 팔꿈치는 구부려 손바닥을 매트에 고정한다.

2. 척추 길게 뻗어 바닥을 밀어 내면서 상체를 일으킨다.

3. ASIS가 바닥에서 떨어지지 않게 주의하며, 이때 허리가 과젖힘되지 않게 복부 수축시켜 준다.

하프 스완(Half Swan)

스완(Swan)

<소도구를 이용한 응용 동작>

짐볼을 이용한 백 밴딩(Back Bending) 동작으로 비슷한 효과를 줄 수 있다.

목적

몸통 굽힘근 스트레칭(Trunk Flexor Stretching)
몸통 폄근 강화(Trunk Extensor Strengthening)
코어 근육 강화(Core Muscle Strengthening)
협응력 증진(Coordination Improvement)

주요 효과

코어 근육(Core Muscle)
척추세움근(척추기립근, Elector Spinae)
엉덩관절 폄근(Hip Extensor)
어깨 안정화근(Scapular Stabilizers)

주의 사항

목, 어깨 주변부의 근육들이 긴장되지 않게 주의한다.
특정 분절의 과운동성이나 저운동성이 나타나지 않게 주의한다.

1. Position 설명

엎드린 자세에서 양 팔꿈치를 구부려 수직으로 세워 주고, 양다리는 어깨 넓이로 뻗은 채 살짝 가쪽돌림 시켜 유지해 주세요.

2. 보상작용 설명

골반 중립, 척추 중립, 턱 위치, 키 커지는 느낌에 대한 멘트(척추 정렬), 양쪽 무릎 각도 유지하고(다리 정렬), 목, 어깨 긴장 푼 채 어깨를 끌어 내려 주세요(상지 정렬).

3. 호흡 멘트 + 시각적 관찰(Visual Palpation)

코로 들이마시고, 입으로 내쉬는 호흡에 (이때 강사는 눈으로 회원의 가슴우리 움직임을 확인한다.)

4. 동작 설명

양손을 바닥 눌러 내는 느낌으로(후면 코어) 척추 길게 뻗어 바닥을 밀어 내면서 상체 일으켜 세워 주세요(신장). 이때 어깨는 끌어 내리고 밀어 내며 유지해 주시고(보상작용) 배꼽 끌어당겨 주세요(코어, 허리-골반 안정화). 마시는 호흡에 천천히 제자리로 돌아오세요.

5. 세트, 횟수, Holding

이렇게 N번 진행하고 마지막에 N초 홀딩하세요.

레그 킥(Single Leg Kick) - Single & Double

1. 엎드린 자세(Prone Position)에서 양손을 포개 가볍게 이마를 놓는다. 다리는 길게 뻗어 주고 발끝은 몸쪽으로 당겨 준다.

본 동작   니 밴딩(Knee Bending)

2. 무릎은 펴 내고 엉덩이를 수축시켜 뒤꿈치를 천장 쪽으로 밀어 내며 다리를 들어 준다.

목적
허리-골반 영역 안정화(Lumbo-pelvic Stability)
복부-엉덩이-허리 근육의 동시 수축(Abdominal Muscle-Gluteal Muscle-Elector Spinae Co-Contraction)
코어 근육 강화(Core Muscle Strengthening)
협응력 증진(Coordination Improvement)

주요 효과
코어 근육(Core Muscle)
척추세움근(척추기립근, Elector Spinae)
엉덩관절 폄근(Hip Extensor)

주의 사항
목, 어깨 주변부의 근육들이 긴장되지 않게 주의한다.
척추 정렬과 사지의 정렬이 무너지지 않게 주의한다.
허리가 과젖힘되지 않게 골반 중립 자세(Pelvic Netural Position)를 유지할 수 있을 만큼만 다리를 들어 올린다.

1. Position 설명

엎드린 자세에서 양손은 포개어 가볍게 이마를 놓아 주세요. 양다리는 길게 어깨 넓이로 뻗은 채, 발끝을 몸쪽으로 당겨 유지해 주세요.

2. 보상작용 설명

골반 중립, 척추 중립, 턱 위치, 키 커지는 느낌에 대한 멘트(척추 정렬), 양쪽 무릎 각도 유지하고(다리 정렬), 목, 어깨 긴장 푼 채 어깨를 끌어 내려 주세요(상지 정렬).

3. 호흡 멘트 + 시각적 관찰(Visual Palpation)

코로 들이마시고, 입으로 내쉬는 호흡에(이때 강사는 눈으로 회원의 가슴우리 움직임을 확인한다.)

4. 동작 설명

갈비뼈 닫고 복부 납작하게 유지하는 동시에(코어, 허리-골반 안정화) 엉덩이 힘으로 한쪽 뒤꿈치를 천장 쪽으로 밀어 낸다는 느낌으로 다리를 들어 올려 주세요.

5. 세트, 횟수, Holding

이렇게 N번 진행하고 마지막에 N초 홀딩하세요.

힙 업(Hip Up)

1. 엎드린 자세(Prone Position)에서 다리는 무릎을 구부려 발바닥이 천장 쪽을 향하게 두고, 발끝은 외회전시켜 몸쪽으로 당겨 준다. 이마를 가볍게 양손 위에 놓는다.

2. 엉덩이를 수축시켜 발꿈치를 천장 쪽으로, 허벅지 앞쪽이 매트에서 떨어지게 밀어 올려 준다.

<소도구를 이용한 응용 동작>

짐볼을 이용한 힙 브릿지(Hip Bridge) 동작으로 비슷한 효과를 줄 수 있다.

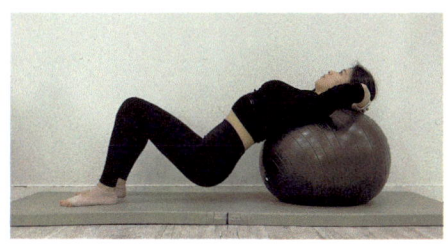 

목적

허리-골반 영역 안정화(Lumbo-pelvic Stability)
복부-엉덩이-허리 근육의 동시 수축(Abdominal Muscle-Gluteal Muscle-Elector Spinae Co-Contraction)
코어 근육 강화(Core Muscle Strengthening)
협응력 증진(Coordination Improvement)

주요 효과

코어 근육(Core Muscle)
척추세움근(척추기립근, Elector Spinae)
엉덩관절 폄근(Hip Extensor)

주의 사항

목, 어깨 주변부의 근육들이 긴장되지 않게 주의한다.
척추 정렬과 사지의 정렬이 무너지지 않게 주의한다.
허리가 과젖힘되지 않게 골반 중립 자세(Pelvic Netural Position)를 유지할 수 있을 만큼 다리를 들어 올린다.

1. Position 설명

엎드린 자세에서 양손 포개어 가볍게 이마를 놓아 주세요. 양다리는 길게 어깨 넓이로 뻗은 채, 양쪽 무릎을 구부려 발바닥이 천장 쪽으로 향하게 세워 주시고 발끝은 가쪽돌림시켜 몸쪽으로 당겨 유지해 주세요.

2. 보상작용 설명

골반 중립, 척추 중립, 턱 위치, 키 커지는 느낌에 대한 멘트(척추 정렬), 양쪽 무릎 각도 유지하고(다리 정렬), 목, 어깨 긴장 푼 채 어깨를 끌어 내려 주세요(상지 정렬).

3. 호흡 멘트 + 시각적 관찰(Visual Palpation)

코로 들이마시고, 입으로 내쉬는 호흡에(이때 강사는 눈으로 회원의 가슴우리 움직임을 확인한다.)

4. 동작 설명

갈비뼈 닫고 복부 납작하게 유지해 주시고(코어, 허리-골반 안정화) 엉덩이 힘으로 뒤꿈치를 천장 쪽으로 밀어 낸다는 느낌으로 양다리를 들어 올려 주세요.

5. 세트, 횟수, Holding

이렇게 N번 진행하고 마지막에 N초 홀딩하세요.

스위밍(Swimming)

1. 엎드린 자세(Prone Position)에서 양손 양다리 길게 뻗어 유지한다.

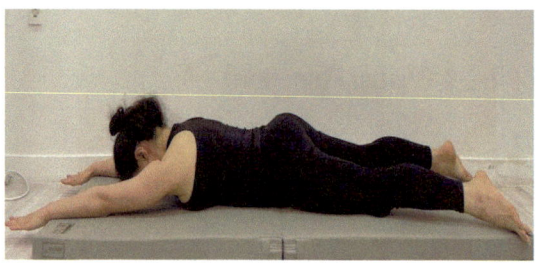

2. 몸통을 고정하고 한쪽 다리와 반대쪽 팔을 들어 올려 수영하는 것처럼 리듬을 맞춰 반대쪽도 교차로 진행한다.

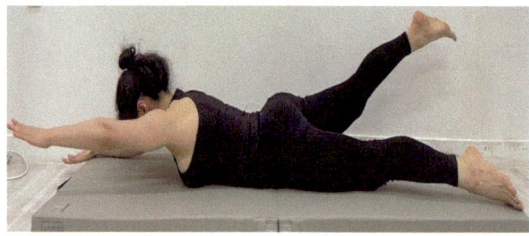

응용 동작 - 슈퍼맨(Superman)

1. 엎드린 자세(Prone Position)에서 양손 양다리 길게 뻗어 유지한다.

2. 몸통을 고정하고 양쪽 다리와 팔을 들어 올려 준다.

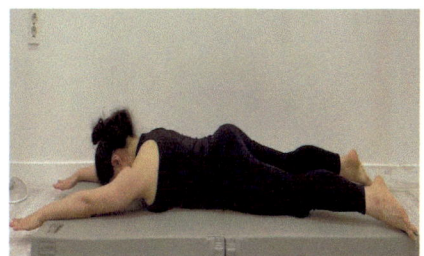 

<소도구를 이용한 응용 동작>

짐볼을 이용한 사이드 백 익스텐션(Back Extension) 동작으로 비슷한 효과를 줄 수 있다.

목적

허리-골반 영역 안정화(Lumbo-pelvic Stability)
복부-엉덩이-허리 근육의 동시 수축(Abdominal Muscle-Gluteal Muscle-Elector Spinae Co-Contraction)
코어 근육 강화(Core Muscle Strengthening)
협응력 증진(Coordination Improvement)

주요 효과

코어 근육(Core Muscle)
척추세움근(척추기립근, Elector Spinae)
어깨관절 굽힘근(Shoulder Flexor)
엉덩관절 폄근(Hip Extensor)

주의 사항

목, 어깨 주변부의 근육들이 긴장되지 않게 주의한다.
척추 정렬과 사지의 정렬이 무너지지 않게 주의한다.
허리가 과젖힘되지 않게 골반 중립 자세(Pelvic Netural Position)를 유지할 수 있을 만큼 사지를 들어 올린다.

1. Position 설명

엎드린 자세에서 양손 양다리를 길게 뻗어 어깨 넓이로 유지해 주세요.

2. 보상작용 설명

골반 중립, 척추 중립, 턱 위치, 키 커지는 느낌에 대한 멘트(척추 정렬), 양쪽 무릎 각도 유지하고(다리 정렬), 목, 어깨 긴장 푼 채 어깨를 끌어 내려 주세요(상지 정렬).

3. 호흡 멘트 + 시각적 관찰(Visual Palpation)

코로 들이마시고, 입으로 내쉬는 호흡에 (이때 강사는 눈으로 회원의 가슴우리 움직임을 확인한다.)

4. 동작 설명

몸통을 고정하고 한쪽 다리와 반대쪽 팔을 들어 올려 수영하는 것처럼 리듬을 맞춰 반대쪽도 교차로 진행해 주세요.

5. 세트, 횟수, Holding

양손, 양다리 번갈아 가면서 이렇게 N번 진행하세요.

플랭크(Plank)

1. 엎드린 자세(Prone Position)에서 양팔을 접어 팔꿈치를 바닥에 대고 발끝을 세워 몸통이 일직선이 되도록 유지한다.

2. 양팔을 펴서 손바닥을 바닥에 두고 발끝을 세워 몸통이 일직선이 되도록 유지한다.

<소도구를 이용한 응용 동작>

짐볼을 이용한 플랭크(Plank)와 푸시업(Push-Up)으로 비슷한 효과를 줄 수 있다.

목적

허리-골반 영역 안정화(Lumbo-pelvic Stability)
코어 근육 강화(Core Muscle Strengthening)
협응력 증진(Coordination Improvement)
복부 강화(Abdominal Muscle Strengthening)

주요 효과

코어 근육(Core Muscle)
복근(Abdominal Muscle)
척추세움근(척추기립근, Elector Spinae)
어깨관절 안정화 근육(Shoulder Stabilizer)

주의 사항

지지하는 팔이 무너지거나 목이 과도하게 긴장되지 않도록 밀어 내는 힘을 유지한다.
척추 정렬이 무너지지 않게 주의한다.
복부에 긴장을 유지하며, 몸통과 엉덩이가 일직선이 되도록 유지한다.

1. Position 설명

엎드린 자세에서 양 팔꿈치를 바닥에 대고 수직으로 세워 주며, 양다리는 길게 뻗어 어깨 넓이로 발끝을 세운 채 유지해 주세요.

2. 보상작용 설명

골반 중립, 척추 중립, 턱 위치, 키 커지는 느낌에 대한 멘트(척추 정렬), 양쪽 무릎 각도 유지하고(다리 정렬), 목, 어깨 긴장 푼 채 어깨를 끌어 내려 주세요(상지정렬).

3. 호흡 멘트 + 시각적 관찰(Visual Palpation)

코로 들이마시고, 입으로 내쉬는 호흡에 (이때 강사는 눈으로 회원의 가슴우리 움직임을 확인한다.)

4. 동작 설명

팔꿈치는 바닥을 밀어 낸다는 느낌으로 어깨 무너지지 않게 유지해 주시고 들이마시고 내쉬는 호흡에 배꼽 끌어당겨 허리-골반 중립 유지해 주세요.

5. 세트, 횟수, Holding

이렇게 N번 진행하고 마지막에 N초 홀딩하세요.

클램(Clam)

1. 옆으로 누운 자세(Side Lying Position)에서 무릎과 발뒤꿈치를 포갠 채 무릎을 살짝 구부려 유지한다.

2. 뒤꿈치는 붙여 준 채 허리-골반이 뒤로 눕지 않게 최대한 유지하시면서 위쪽 무릎을 열어 낸다.

목적
엉덩관절 벌림근 및 가쪽돌림근 강화(Hip Abductor & External Rotator Strengthening)

주요 효과
엉덩관절 벌림근(Hip Abductor)
엉덩관절 가쪽돌림근(Hip Lateral Rotator)

주의 사항
신체의 올바른 정렬을 인식하고, 균형을 잡는 것이 중요하다.
복부의 긴장을 유지하며, 다리를 움직이는 동안 허리-골반(Lumbo-Pelvic) 영역의 안정성(Stability)을 유지한다.

1. Position 설명

옆으로 누운 자세에서 아래쪽 손은 머리를 받치고 위쪽 손은 가슴 앞에 위치시켜 주세요. 이때 무릎은 포개어 살짝 구부려 주세요.

2. 보상작용 설명

골반 중립, 척추 중립, 턱 위치, 키 커지는 느낌에 대한 멘트(척추 정렬), 양쪽 무릎 각도 유지하고(다리 정렬), 목, 어깨 긴장 푼 채 어깨를 끌어 내려 주세요(상지 정렬).

3. 호흡 멘트 + 시각적 관찰(Visual Palpation)

코로 들이마시고, 입으로 내쉬는 호흡에 (이때 강사는 눈으로 회원의 가슴우리 움직임을 확인한다.)

4. 동작 설명

위쪽 무릎을 열어 낼 건데 중간볼기근(중둔근 인지, 핸즈온)에 힘이 들어오는 느낌, 허리-골반이 뒤로 눕지 않게 최대한 유지하시면서 위쪽 무릎을 열었다가 닫아 주세요.

5. 세트, 횟수, Holding

이렇게 N번 진행하고 마지막에 N초 홀딩하세요.

사이드 레그 리프트(Side Leg Lift)

1. 옆으로 누운 자세(Side Lying Position)에서 아래쪽 다리는 구부려 주고, 위쪽 다리는 아래 무릎 직선상에 곧게 뻗어 준다.

2. 아래 무릎 직선상에서 벗어나지 않게 중간볼기근에 집중하며 들어 올려 준다.

 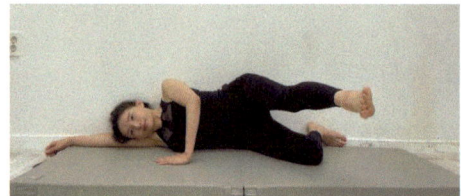

<소도구를 이용한 응용 동작>
써클링을 이용한 사이드 레그 어브덕션(Side Leg Abduction)

목적
엉덩관절 벌림근 및 가쪽돌림근 강화(Hip Abductor & External Rotator Strengthening)

주요 효과
엉덩관절 벌림근(Hip Abductor)
엉덩관절 가쪽돌림근(Hip Lateral Rotator)

주의 사항
신체의 올바른 정렬을 인식하고, 균형을 잡는 것이 중요하다.
복부의 긴장을 유지하며, 다리를 움직이는 동안 허리-골반(Lumbo-Pelvic) 영역의 안정성(Stability)을 유지한다.

1. Position 설명

옆으로 누운 자세에서, 아래쪽 손은 머리를 받치고 위쪽 손은 가슴 앞에 위치시켜 주세요. 이때 무릎은 포개어 살짝 구부려 주세요.

2. 보상작용 설명

골반 중립, 척추 중립, 턱 위치, 키 커지는 느낌에 대한 멘트(척추 정렬), 양쪽 무릎 각도 유지하고(다리 정렬), 목, 어깨 긴장 푼 채 어깨를 끌어 내려 주세요(상지 정렬).

3. 호흡 멘트 + 시각적 관찰(Visual Palpation)

코로 들이마시고, 입으로 내쉬는 호흡에 (이때 강사는 눈으로 회원의 가슴우리 움직임을 확인한다.)

4. 동작 설명

위쪽 다리를 길게 뻗어 들어 올릴 건데 중간볼기근(중둔근 인지, 핸즈온)에 힘이 들어오는 느낌, 허리-골반이 뒤로 눕지 않게 최대한 유지하시면서 다리를 들어 올렸다가 내려 주세요.

5. 세트, 횟수, Holding

이렇게 N번 진행하고 마지막에 N초 홀딩하세요.

사이드 비트(Side Beats)

1. 옆으로 누운 자세(Side Lying Position)에서 양다리를 아래 방향으로 길게 뻗는다. 이때 위쪽 다리는 골반 높이로 들어 올려 준다.

2. 위쪽 다리를 유지하면서 아래쪽 다리 길게 뻗어 위로 들어 올려 준다.

<소도구를 이용한 응용 동작>

써클링을 이용한 사이드 비트(Side Beats)

써클링을 이용한 사이드 레그 어덕션(Side Leg Adduction)

목적
엉덩관절 벌림근 및 모음근 강화(Hip Abductor & Adductor Strengthening)

주요 효과
엉덩관절 벌림근(Hip Abductor)
엉덩관절 모음근(Hip Adductor)

주의 사항
신체의 올바른 정렬을 인식하고, 체간과 골반이 무너지지 않게 균형을 잡는 것이 중요하다.
복부에 긴장을 유지하며, 다리를 움직이는 동안 허리-골반(Lumbo-Pelvic) 영역의 안정성(Stability)을 유지한다.

1. Position 설명

옆으로 누운 자세에서 아래쪽 손은 머리를 받치고 위쪽 손은 가슴 앞에 위치시켜 주세요. 이때 무릎은 포개어 살짝 구부려 주세요.

2. 보상작용 설명

골반 중립, 척추 중립, 턱 위치, 키 커지는 느낌에 대한 멘트(척추 정렬), 양쪽 무릎 각도 유지하고(다리 정렬), 목, 어깨 긴장 푼 채 어깨를 끌어 내려 주세요(상지 정렬).

3. 호흡 멘트 + 시각적 관찰(Visual Palpation)

코로 들이마시고, 입으로 내쉬는 호흡에 (이때 강사는 눈으로 회원의 가슴우리 움직임을 확인한다.)

4. 동작 설명

위쪽 다리를 길게 뻗은 채 수평하게 들어 유지해 주고, 아래쪽 다리를 들어 위쪽 다리를 가볍게 터치하고 내려올게요. 이때 허리-골반이 뒤로 눕지 않게 최대한 유지하시면서 다리를 들어 올렸다가 내려 주세요.

5. 세트, 횟수, Holding

이렇게 N번 진행하고 마지막에 N초 홀딩하세요.

소도구 필라테스
Arc Barel & Spine Corrector

야크바렐(Arc Barrel)

척추 스트레칭에 도움을 주는 기구로 척추세움근과 복근 강화에 효과적인 소도구이다. 이를 이용하여 근력 및 균형감각을 강화시킬 수 있다. 또한 매트를 포함한 캐딜락 및 기구 위에서도 사용이 가능하여 다양한 운동을 가능하게 해 준다.

스파인 코렉터(Spine Corrector)

매트 운동 시 척추 스트레칭을 보다 쉽게 하기 위해 개발된 보조 도구로 매트 운동을 보다 효과적으로 할 수 있게 도와준다. 척추의 신장 및 골반 강화, 척추세움근 강화 및 복근 강화와 더불어 교정을 목적으로 바른 자세를 유지하는 데도 도움을 주며, 캐딜락이나 리포머와 결합하여 더욱 다양한 용도로 활용이 가능하다.

스파인 스트레칭(Spine Stretching)

1. 아크바렐 위에 양다리를 어깨 넓이로 두고 앉는다. 양손은 편안하게 내려두고 척추를 바로 세운다.

아크바렐(Arc Barrel)   스파인 코렉터(Spine Corrector)

 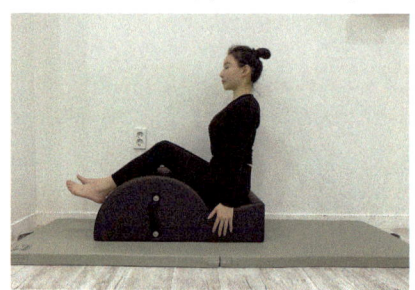

2. 턱을 가슴 쪽으로 당겨 목-등-허리 순으로 분절 움직임을 만들며, 복부를 등 쪽으로 당기는 느낌 유지하며 내려간다.

3. 올라올 때는 반대로 허리-등-목 순으로 세워 제자리로 돌아온다.

목적
척추 스트레칭(Spine Stretching)
척추 분절 움직임 증진(Spine Articulation Movement Improvement)

주요 효과
몸통 폄근 스트레칭(Trunk Extensor Stretching)

주의 사항
머리-목-등 순으로 순차적으로 움직임이 나올 수 있게 유도한다.
특정 분절의 과운동성이나 저운동성이 나타나지 않게 주의한다.
가동 범위(ROM)가 제한될 시 서서히 늘려 준다.

1. Position 설명

정면을 보고 바로 앉은 자세에서 척추를 길게 세워 양다리는 어깨 넓이로 바렐 위에 두세요. 이때 양손은 편안하게 옆에 내려 두시고, 척추 바로 세워 주세요.

2. 보상작용 설명

골반 중립, 척추 중립, 턱 위치, 키 커지는 느낌에 대한 멘트(척추 정렬), 양쪽 무릎 넓이 유지하고(다리 정렬), 목, 어깨 긴장 풀어 주세요(상지 정렬).

3. 호흡 멘트 + 시각적 관찰(Visual Palpation)

코로 들이마시고, 입으로 내쉬는 호흡에(이때 강사는 눈으로 회원의 가슴우리 움직임을 확인한다.)

4. 동작 설명

시선 바닥 바라보시고, 등척추부터 하나하나 천천히 구부리면서 내려갔다가(척추 분절), 이때 어깨에 긴장 풀어 주세요(긴장 및 보상 조절). 들이마시고 내쉬는 호흡에 배꼽을 등 쪽으로 당기는(지퍼 끌어 올리는) 느낌(코어, 허리-골반 분절)으로 등척추 아래쪽에서부터 하나하나 천천히 올라오시고, 마지막에 시선은 정면(척추 정렬) 바라볼게요.

5. 세트, 횟수, Holding

이렇게 N번 진행하고 마지막에 N초 홀딩하세요.

사이드 스트레칭(Side Stretching)

1. 최대한 아크바렐에 가깝게 붙어 한 손을 손바닥이 천장으로 향하게 바렐 위에 두고, 옆으로 앉아 정면을 바라본다.

아크바렐(Arc Barrel)　　　　스파인 코렉터(Spine Corrector)

2. 바렐 위로 서서히 몸을 기울이며 반대쪽 팔은 천장을 향하게 멀리 뻗어 낸다.

3. 가쪽굽힘 상태로 바렐에 누우며 동시에 위쪽 팔을 머리 위로 뻗어 낸다. 자세를 유지하며 가슴우리 측면이 최대한 확장될 수 있도록 호흡한다.

목적
척추 스트레칭(Spine Stretching)
척추 분절 움직임 증진(Spine Articulation Movement Improvement)

주요 효과
몸통 가쪽굽힘근 스트레칭(Trunk Lateral Flexor Stretching)
몸통 돌림근 스트레칭(Trunk Rotator Stretching)

주의 사항
특정 분절의 과운동성이나 저운동성이 나타나지 않게 주의한다.
측면부 스트레칭 시 체간이 무너지지 않게 주의한다.
골반이나 다리에 보상성 변화가 나타나지 않게 주의한다.
가동 범위(ROM)가 제한될 시 서서히 늘려 준다.

1. Position 설명

정면을 본 채 척추를 길게 세워 바렐 옆에 최대한 가깝게 붙어 앉은 자세에서 양손은 편안하게 옆에 내려 두고, 안쪽 다리는 가쪽돌림, 바깥쪽 다리는 안쪽돌림시켜 주세요.

2. 보상작용 설명

골반 중립, 척추 중립, 턱 위치, 키 커지는 느낌에 대한 멘트(척추 정렬), 양쪽 무릎 넓이 유지하고(다리 정렬), 목, 어깨 긴장 푼 채 손바닥이 천장을 향하게 열어 주세요(상지 정렬).

3. 호흡 멘트 + 시각적 관찰(Visual Palpation)

코로 들이마시고, 입으로 내쉬는 호흡에 (이때 강사는 눈으로 회원의 가슴우리 움직임을 확인한다.)

4. 동작 설명

바렐 위로 서서히 몸을 기울이며 아래쪽 팔에 머리를 기대고 위쪽 팔을 머리 위로 길게 뻗어 주세요(가슴우리 확장). 이때 자세를 유지하며 가슴우리 옆면이 최대한 확장될 수 있도록 깊게 호흡할게요. 들이마시고 내쉬는 호흡에 천천히 제자리로 돌아와 시선은 정면(척추 정렬) 바라볼게요.

5. 세트, 횟수, Holding

이렇게 N번 진행하고 마지막에 N초 홀딩하세요.

스파인 로테이션(Spine Rotation, Port de bras)

1. 1번의 사이드 스트레칭(Side Stretching) 완성 자세를 유지한다.

아크바렐(Arc Barrel)　　　　　　　스파인 코렉터(Spine Corrector)

2. 들이마시고 내쉬는 호흡에 상체를 뒤로 회전하여 가슴우리 전면부가 스트레칭될 수 있도록 유지한다. 자세를 유지하며 가슴우리 전면부가 최대한 확장될 수 있도록 호흡한다.

3. 들이마시고 내쉬는 호흡에 상체를 앞으로 회전하여 가슴우리 후면부가 스트레칭될 수 있도록 유지한다. 자세를 유지하며 가슴우리 후면부가 최대한 확장될 수 있도록 호흡한다.

목적
척추 스트레칭(Spine Stretching)
척추 분절 움직임 증진(Spine Articulation Movement Improvement)

주요 효과
몸통 가쪽굽힘근 스트레칭(Trunk Lateral Flexor Stretching)
몸통 돌림근 스트레칭(Trunk Rotator Stretching)

주의 사항
특정 분절의 과운동성이나 저운동성이 나타나지 않게 주의한다.
측면부 스트레칭 시 체간이 무너지지 않게 주의한다.
골반이나 다리에 보상성 변화가 나타나지 않게 주의한다.
가동 범위(ROM)가 제한될 시 서서히 늘려 준다.

1. Position 설명

정면을 본 채 척추를 길게 세워 바렐 옆에 최대한 가깝게 붙어 앉은 자세에서 양손은 편안하게 옆에 내려두고, 안쪽 다리는 가쪽돌림, 바깥쪽 다리는 안쪽돌림시켜 주세요.

2. 보상작용 설명

골반 중립, 척추 중립, 턱 위치, 키 커지는 느낌에 대한 멘트(척추 정렬), 양쪽 무릎 넓이 유지하고(다리 정렬), 목, 어깨 긴장 푼 채 손바닥이 천장을 향하게 열어 주세요(상지 정렬).

3. 호흡 멘트 + 시각적 관찰(Visual Palpation)

코로 들이마시고, 입으로 내쉬는 호흡에 (이때 강사는 눈으로 회원의 가슴우리 움직임을 확인한다.)

4. 동작 설명

바렐 위로 서서히 몸을 기울이며 아래쪽 팔에 머리를 기대고 위쪽 팔을 머리 위로 길게 뻗어 주세요(가슴우리 확장). 이때 들이마시고 내쉬는 호흡에 상체를 뒤로 회전하여 가슴우리 전면부가 스트레칭될 수 있도록 유지하시고, 다시 들이마시고 내쉬는 호흡에 상체를 앞으로 회전하여 가슴우리 후면부가 스트레칭될 수 있도록 유지해 주세요.

5. 세트, 횟수, Holding

이렇게 N번 진행하고 마지막에 N초 홀딩하세요.

스케퓰라 아이솔레이션 #1(Scapula Isolation #1)

1. 머리와 어깨가 바렐에 놓인 상태로 매트에 누워 양손을 머리 위로 뻗어 어깨뼈를 안정되게 유지한다.

아크바렐(Arc Barrel)

스파인 코렉터(Spine Corrector)

2. 힘을 가하지 않고 안정된 상태를 유지하며, 어깨가슴관절을 귀 쪽으로 밀어 내며 올림시켰다가 되돌아온다.

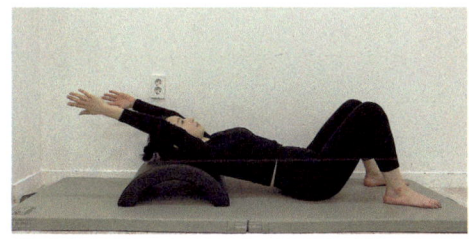

목적
어깨가슴관절의 움직임 증진(Scapulothoracic Joint Movement Improvement)
어깨가슴관절의 움직임 인지(Scapulothoracic Joint Cognitive Movement)

주요 효과
어깨가슴관절 올림 근육(Scapular Elevator)
어깨가슴관절 내림 근육(Scapular Depressor)

주의 사항
머리의 과도한 젖힘에 주의한다.
목, 어깨 주변부의 근육들이 긴장되지 않게 주의한다.
복부에 긴장을 유지하며, 갈비뼈 하부가 과하게 돌출되지 않게 유의한다.

1. Position 설명

머리와 어깨가 바렐에 놓인 상태로 매트에 누워 양손을 머리 위로 뻗어 주고, 양다리는 어깨 넓이로 매트 위에 무릎을 구부려 세워 주세요.

2. 보상작용 설명

골반 중립, 척추 중립, 턱 위치, 키 커지는 느낌에 대한 멘트(척추 정렬), 양쪽 무릎 넓이 유지하고(다리 정렬), 목, 어깨 긴장 풀어 주세요(상지 정렬).

3. 호흡 멘트 + 시각적 관찰(Visual Palpation)

코로 들이마시고, 입으로 내쉬는 호흡에 (이때 강사는 눈으로 회원의 가슴우리 움직임을 확인한다.)

4. 동작 설명

어깨를 귀 위쪽으로 밀어 올려 어깨뼈를 올림시켰다가 반대로 어깨뼈를 내림시키며 제자리로 돌아오세요.

5. 세트, 횟수, Holding

이렇게 N번 진행하고 마지막에 N초 홀딩하세요.

스케퓰라 아이솔레이션 #2(Scapula Isolation #2)

1. 머리와 어깨가 바렐에 놓인 상태로 매트에 누워 양손을 천장을 향하게 뻗어 어깨뼈를 안정되게 유지한다.

아크바렐(Arc Barrel)　　　　　스파인 코렉터(Spine Corrector)

2. 힘을 가하지 않고 안정된 상태를 유지하며, 어깨가슴관절을 천장 쪽으로 밀어 내며 내밈시켰다가 되돌아온다.

3. 세라밴드를 이용하여 손에 저항을 주게 되면 어깨뼈의 움직임을 인지하는 데 도움을 받을 수 있다.

목적

어깨가슴관절의 움직임 증진(Scapulothoracic Joint Movement Improvement)
어깨가슴관절의 움직임 인지(Scapulothoracic Joint Cognitive Movement)

주요 효과

어깨가슴관절 내밈 근육(Scapular Protractor)
어깨가슴관절 들임 근육(Scapular Retractor)

주의 사항

머리의 과도한 젖힘에 주의한다.
목, 어깨 주변부의 근육들이 긴장되지 않게 주의한다.
복부에 긴장을 유지하며, 갈비뼈 하부가 과하게 돌출되지 않게 유의한다.

1. Position 설명

머리와 어깨가 바렐에 놓인 상태로 매트에 누워 양손을 천장 방향으로 뻗어 주고, 양다리는 어깨 넓이로 매트 위에 무릎을 구부려 세워 주세요.

2. 보상작용 설명

골반 중립, 척추 중립, 턱 위치, 키 커지는 느낌에 대한 멘트(척추 정렬), 양쪽 무릎 넓이 유지하고(다리 정렬), 목, 어깨 긴장 풀어 주세요(상지 정렬).

3. 호흡 멘트 + 시각적 관찰(Visual Palpation)

코로 들이마시고, 입으로 내쉬는 호흡에 (이때 강사는 눈으로 회원의 가슴우리의 움직임을 확인한다.)

4. 동작 설명

어깨를 천장 방향으로 밀어 올려 어깨뼈를 내밈시켰다가 반대로 어깨뼈를 들임시키며 제자리로 돌아오세요.

5. 세트, 횟수, Holding

이렇게 N번 진행하고 마지막에 N초 홀딩하세요.

암 써클(Arm Circles)

1. 양다리를 어깨 넓이로 두고 바렐에 등을 대고 눕는다. 양손을 골반 옆에 편안하게 내려놓은 상태로 머리와 어깨는 바렐에 기대 편안하게 가슴을 확장시킨다.

아크바렐(Arc Barrel) 스파인 코렉터(Spine Corrector)

 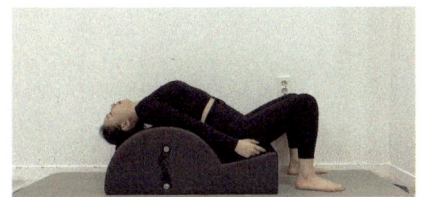

2. 힘을 가하지 않고 안정된 상태를 유지하며, 양손을 서서히 들어 천장 쪽으로 뻗어낸다.

3. 가슴을 열어 준다는 느낌으로 팔을 머리 위쪽으로 뻗어 스트레칭시키고 손등이 땅에 닿게 원을 그린다는 느낌으로 제자리로 돌아온다.

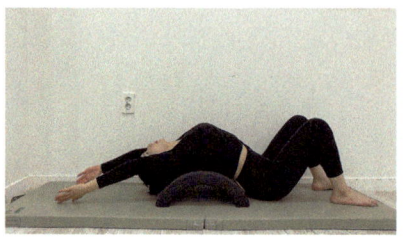 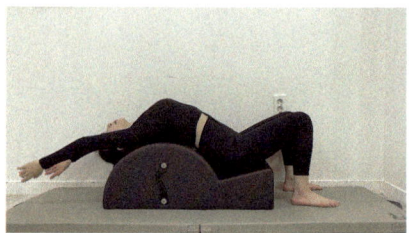

목적
어깨관절 스트레칭(Shoulder Joint Stretching)
어깨관절 움직임 증진(Shoulder Joint Movement Improvement)

주요 효과
척추 스트레칭(Spine Stretching)
척추 가동 범위 운동(Spine Rom Exercise)
어깨관절 스트레칭(Shoulder Joint Stretching)
어깨관절 가동 범위 운동(Shoulder Joint Rom Exercise)

주의 사항
목, 어깨 주변부의 근육들이 긴장되지 않게 주의한다.
복부에 긴장을 유지하며, 갈비뼈 하부가 과하게 돌출되지 않게 유의한다. 가동 범위(ROM)가 제한될 시 서서히 늘려 준다.

1. Position 설명

양다리를 어깨 넓이로 두고 바렐에 등을 대고 누워 주세요. 양손을 골반 옆에 편안하게 내려놓은 상태로 머리와 어깨는 바렐에 기대 편안하게 가슴을 확장시켜 주세요.

2. 보상작용 설명

골반 중립, 척추 중립, 턱 위치, 키 커지는 느낌에 대한 멘트(척추 정렬), 양쪽 무릎 넓이 유지하고(다리 정렬), 목, 어깨 긴장 풀어 주세요(상지 정렬).

3. 호흡 멘트 + 시각적 관찰(Visual Palpation)

코로 들이마시고, 입으로 내쉬는 호흡에 (이때 강사는 눈으로 회원의 가슴우리 움직임을 확인한다.)

4. 동작 설명

양 손끝을 길게 천장 방향에서 귀 옆을 지나 큰 원 그리며 제자리로 돌아오세요.

5. 세트, 횟수, Holding

이렇게 N번 진행할게요.

롤 업 앤 다운(Roll Up & Down)

1. 바렐을 골반 뒤에 가까이 붙여 양다리 어깨 넓이로 무릎을 구부리고 앉는다. 팔을 길게 쭉 뻗어 어깨는 긴장을 풀고 척추는 정렬 맞춰 세워 준다.

아크바렐(Arc Barrel)

스파인 코렉터(Spine Corrector)

2. 골반을 후방경사(Posterior tilting)시키며 허리-등-목 순으로 척추 분절을 이용하면서 자연스럽게 롤 다운(Roll Down)시켜 내려간다.

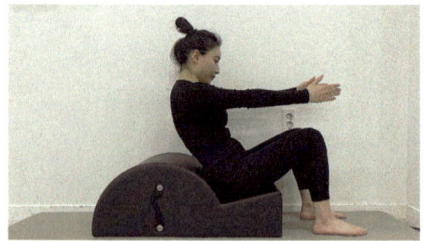

3. 다시 목-등-허리 역순으로 천천히 롤 업(Roll Up)하며 올라온다.

목적
코어 근육 강화(Core Muscle Strengthening)

협응력 증진(Coordination Improvement)

척추 분절 움직임 증진(Spine Articulation Movement Improvement)

골반 움직임 증진(Pelvic Movement Improvement)

허리-골반 영역 안정화(Lumbo-pelvic Stability)

주요 효과
코어 근육(Core Muscle)

복근(Abdominal Muscle)

척추 가동 범위 운동(Spine Rom Exercise)

척추 분절 운동(Spine Articulation Exercise)

주의 사항
목, 어깨 주변부의 근육들이 긴장되지 않게 주의한다.

머리-목-등 순으로 순차적으로 움직임이 나올 수 있게 유도한다.

특정 분절의 과운동성이나 저운동성이 나타나지 않게 주의한다.

1. Position 설명

바렐을 골반 뒤에 가까이 붙여 양다리 어깨 넓이로 무릎을 구부리고 앉아 주세요. 팔을 길게 쭉 뻗은 채 어깨에 긴장 풀고 척추는 정렬 맞춰 세워 주세요.

2. 보상작용 설명

골반 중립, 척추 중립, 턱 위치, 키 커지는 느낌에 대한 멘트(척추 정렬), 양쪽 무릎 넓이 유지하고(다리 정렬), 목, 어깨 긴장 푼 채 손은 어깨보다 아래에 위치시켜 주세요(상지 정렬).

3. 호흡 멘트 + 시각적 관찰(Visual Palpation)

코로 들이마시고, 입으로 내쉬는 호흡에 (이때 강사는 눈으로 회원의 가슴우리 움직임을 확인한다.)

4. 동작 설명

배꼽을 등 쪽으로 당기는(지퍼 끌어 올리는) 느낌(코어, 허리-골반 분절)으로 등척추 말아(등) 시선 배꼽(목) 바라보시고, C컬 만들어 허리부터 바렐에 닿을 수 있게 하나하나 내려갔다가(척추 분절), 들이마시고 내쉬는 호흡에 척추 길게 포물선 그리듯 시선 배꼽 바라보시고 손끝 멀리 밀어 낸다는 느낌으로 어깨 긴장 풀고(긴장 및 보상 조절) 롤케이크 말듯 등척추부터 하나하나 천천히 올라오시고, 마지막에 척추는 바로 세워 주세요(척추 신장).

5. 세트, 횟수, Holding

이렇게 N번 진행하고 마지막에 N초 홀딩하세요.

브릿지(Bridge)

1. 천장을 바라본 채 매트에 눕는다. 양손은 손바닥이 바닥을 향하게 골반 옆에 두고 양 무릎은 구부려, 두 발을 바렐 위에 놓는다.

아크바렐(Arc Barrel)   **스파인 코렉터(Spine Corrector)**

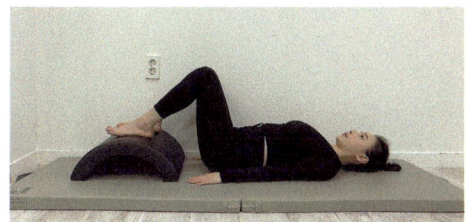 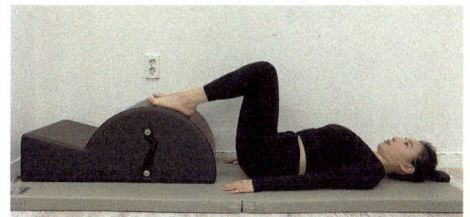

2. 양손으로 바닥을 눌러 내는 동시에 두 발로 바렐을 지그시 눌러 균형을 잡는다. 골반-허리-등 순으로 서서히 골반을 천장 쪽으로 들어 올렸다가 머리에서부터 발끝까지 사선 유지한 후 등척추부터 분절시키며 되돌아온다.

목적
허리-골반 영역 안정화(Lumbo-pelvic Stability)
코어 근육 강화(Core Muscle Strengthening)
협응력 증진(Coordination Improvement)
복부-엉덩이-허리 근육의 동시 수축(Abdominal Muscle-Gluteal Muscle-Elector Spinae Co-Contraction)
척추 분절 움직임 증진(Spine Articulation Movement Improvement)

주요 효과
코어 근육(Core Muscle)
복근(Abdominal Muscle)
엉덩관절 폄근(Hip Extensor)
척추세움근(척추기립근, Elector Spinae)

주의 사항
목, 어깨 주변부의 근육들이 긴장되지 않게 주의한다.
골반 중립을 유지하며 허리-골반(Lumbo-Pelvic) 영역의 안정성(Stability)을 유지한다.
골반을 들어 올리는 동안 골반-허리-등 순으로 순차적으로 움직임이 나올 수 있게 유도한다.
특정 분절의 과운동성이나 저운동성이 나타나지 않게 주의한다.

1. Position 설명

바로 누운 자세에서 양쪽 무릎 구부려 어깨 넓이로 바렐 위에 두세요. 양손은 손바닥이 바닥을 향하게 골반 옆에 가볍게 내려놓으세요.

2. 보상작용 설명

골반 중립, 척추 중립, 턱 위치, 키 커지는 느낌에 대한 멘트(척추 정렬), 양쪽 무릎 넓이 유지하고(다리 정렬), 목, 어깨 긴장 푼 채 어깨를 끌어 내려 주세요(상지 정렬).

3. 호흡 멘트 + 시각적 관찰(Visual Palpation)

코로 들이마시고, 입으로 내쉬는 호흡에 (이때 강사는 눈으로 회원의 가슴우리 움직임을 확인한다.)

4. 동작 설명

허리를 바닥으로 누르고 배꼽을 당겨 엉덩이를 조인 채(골반 후방 움직임) 꼬리뼈부터 바닥에서 서서히 들어 올릴 건데(분절 움직임 유도) 이때 무릎은 사선으로 길게 뻗어 내는 느낌(엉덩관절을 펴 내기 위한 큐잉)으로 갈비뼈는 닫고 복부를 납작하게 엉덩이 가볍게 조여 주시고(코어세팅, 협력수축 유도, 안정성) 마시고 내쉬는 호흡에 바닥에 도장 찍듯이(이미지 큐) 등척추부터 하나하나 내려와 꼬리뼈로 바닥을 콕 누르세요(골반-허리 중립 원위치).

5. 세트, 횟수, Holding

이렇게 N번 진행하고 마지막에 N초 홀딩하세요.

싱글 레그 브릿지(Single Leg Bridge)

1. 천장 쪽 보고 매트에 누워 양손을 옆구리 라인 따라 길게 놓는다. 양 무릎을 구부린 채, 두 발을 바렐 위에 놓는다.

아크바렐(Arc Barrel)　　　　스파인 코렉터(Spine Corrector)

2. 양손으로 바닥을 눌러 내는 동시에 두 발로 바렐을 지그시 눌러 균형을 잡는다. 골반-허리-등 순으로 서서히 골반을 천장 쪽으로 들어 올렸다가 머리에서부터 발끝까지 사선 유지한 채 척추 분절시키며 되돌아온다.

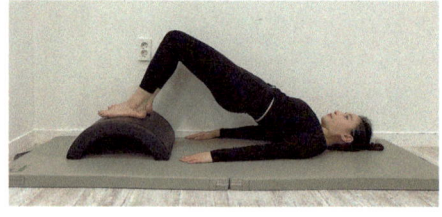 

3. 한쪽 다리를 반대쪽 다리 허벅지 높이만큼 유지하며 앞으로 뻗어 낸 후 원위치시킨다.

목적

허리-골반 영역 안정화(Lumbo-pelvic Stability)

코어 근육 강화(Core Muscle Strengthening)

협응력 증진(Coordination Improvement)

복부-엉덩이-허리 근육의 동시 수축(Abdominal Muscle-Gluteal Muscle-Elector Spinae Co-Contraction)

척추 분절 움직임 증진(Spine Articulation Movement Improvement)

주요 효과

코어 근육(Core Muscle)

복근(Abdominal Muscle)

엉덩관절 폄근(Hip Extensor), 벌림근(ABductor)

척추세움근(척추기립근, Elector Spinae)

주의 사항

목, 어깨 주변부의 근육들이 긴장되지 않게 주의한다.

골반 중립을 유지하며 허리-골반(Lumbo-Pelvic) 영역의 안정성(Stability)을 유지한다.

골반을 들어 올리는 동안 골반-허리-등 순으로 순차적으로 움직임이 나올 수 있게 유도한다.

특정 분절의 과운동성이나 저운동성이 나타나지 않게 주의한다.

1. Position 설명

바로 누운 자세에서 양쪽 무릎 구부려 어깨 넓이로 바렐 위에 두세요. 양손은 손바닥이 바닥을 향하게 골반 옆에 가볍게 내려놓으세요.

2. 보상작용 설명

골반 중립, 척추 중립, 턱 위치, 키 커지는 느낌에 대한 멘트(척추 정렬), 양쪽 무릎 넓이 유지하시고(다리 정렬), 목, 어깨 긴장 푼 채 어깨를 끌어 내려 주세요(상지 정렬).

3. 호흡 멘트 + 시각적 관찰(Visual Palpation)

코로 들이마시고, 입으로 내쉬는 호흡에 (이때 강사는 눈으로 회원의 가슴우리 움직임을 확인한다.)

4. 동작 설명

허리를 바닥으로 눌러 배꼽을 당기고 엉덩이를 조여(골반 후방 움직임) 꼬리뼈부터 바닥에서 서서히 들어 올려 주세요(분절 움직임 유도). 이때 갈비뼈는 닫고 복부를 납작하게 엉덩이 가볍게 조여 주시고(코어세팅, 협력수축 유도, 안정성) 한쪽 다리를 사선으로 길게 뻗어 주세요(엉덩관절을 펴 내기 위한 큐잉). 뻗어 낸 다리 제자리로 돌아오고 마시고 내쉬는 호흡에 바닥에 도장 찍듯이(이미지 큐) 등척추부터 하나하나 내려와 꼬리뼈로 바닥을 콕 누르세요(골반-허리 중립 원위치).

5. 세트, 횟수, Holding

이렇게 N번 진행하고 마지막에 N초 홀딩하세요.

시저(Scissors)

1. 양손으로 바렐의 측면을 잡고 어깨를 안정화시킨 상태에서 다리를 곧게 뻗어 낸다.

아크바렐(Arc Barrel)

스파인 코렉터(Spine Corrector)

2. 들이마시고 내쉬는 호흡에 한쪽 다리는 엉덩관절 폄시켜 내려 주고, 반대쪽 다리는 엉덩관절 굽힘시켜 천장 쪽으로 들어 올린다.

3. 자세가 무너지지 않게 유지한 채, 호흡에 맞춰 좌우 다리를 교차하며 동작을 반복한다.

목적

엉덩관절 움직임 증진(Hip Joint Movement Improvement)
협응력 증진(Coordination Improvement)
코어 근육 강화(Core Muscle Strengthening)
복부 강화(Abdominal Strengthening)

주요 효과

코어 근육(Core Muscle)
복근(Abdominal Muscle)
엉덩관절 굽힘근(Hip Flexor), 폄근(Hip Extensor)

주의 사항

목, 어깨 주변부의 근육들이 긴장되지 않게 주의한다.
복부에 긴장을 유지하며, 다리를 움직이는 동안 허리-골반(Lumbo-Pelvic) 영역의 안정성(Stability)을 유지한다.
가동 범위가 나오지 않는 경우 서서히 점진적으로 늘려 준다.

1. Position 설명

바로 누운 자세에서 골반을 바렐 위에 두시고 양손은 골반 측면을 잡은 채 양다리를 곧게 천장을 향해 뻗어 주세요.

2. 보상작용 설명

골반 중립, 척추 중립, 턱 위치, 키 커지는 느낌에 대한 멘트(척추 정렬), 목, 어깨 긴장 푼 채 어깨 끌어 내리고 양손으로 바닥을 가볍게 눌러 주세요(상지 정렬).

3. 호흡 멘트 + 시각적 관찰(Visual Palpation)

코로 들이마시고, 입으로 내쉬는 호흡에 (이때 강사는 눈으로 회원의 가슴우리 움직임을 확인한다.)

4. 동작 설명

이 운동은 두 다리를 가위질하듯이 교차하는 동작인데 이때 허리가 뜨지 않게 갈비뼈를 닫고 복부 납작하게(코어, 허리-골반 안정화) 유지할게요. 한쪽 다리는 매트 쪽으로 뻗어 주시고, 반대쪽 다리는 몸쪽으로 뻗어 주세요.

5. 세트, 횟수, Holding

양다리 번갈아 가며 이렇게 N번 진행하세요.

바이시클(Bicycle)

1. 양손으로 바렐의 측면을 잡고 어깨를 안정화시킨 상태에서 다리를 곧고 평행하게 뻗어 낸다.

아크바렐(Arc Barrel)   스파인 코렉터(Spine Corrector)

2. 무릎을 접은 다리와 반대쪽 다리를 교차하며 자전거 타듯이 동작을 반복한다.

목적

엉덩관절 가동성 운동(Hip Joint Rom Exercise)

협응력 증진(Coordination Improvement)

코어 근육 강화(Core Muscle Strengthening)

복부 강화(Abdominal Strengthening)

주요 효과

코어 근육(Core Muscle)

복근(Abdominal Muscle)

엉덩관절 굽힘근(Hip Flexor)

주의 사항

목, 어깨 주변부의 근육들이 긴장되지 않게 주의한다.

복부에 긴장을 유지하며, 다리를 움직이는 동안 허리-골반(Lumbo-Pelvic) 영역의 안정성(Stability)을 유지한다.

가동 범위가 나오지 않는 경우 서서히 점진적으로 늘려 준다.

1. Position 설명

바로 누운 자세에서 골반을 바렐 위에 두세요. 양손으로 골반 측면을 잡고 양다리를 곧게 천장을 향해 뻗어 주세요.

2. 보상작용 설명

골반 중립, 척추 중립, 턱 위치, 키 커지는 느낌에 대한 멘트(척추 정렬), 목, 어깨 긴장 푼 채 어깨 끌어 내리고 양손으로 바닥을 가볍게 눌러 주세요(상지 정렬).

3. 호흡 멘트 + 시각적 관찰(Visual Palpation)

코로 들이마시는 호흡에 두 다리를 살짝 내렸다가, 입으로 내쉬는 호흡에 (이때 강사는 눈으로 회원의 가슴우리 움직임을 확인한다.)

4. 동작 설명

반동 쓰지 마시고 하복부 힘으로 두 다리를 곧게 뻗어 주세요. 이때 갈비뼈 조이고, 복부와 엉덩이 힘 유지하면서(코어, 허리-골반 안정화) 양 발끝 포물선 그리듯이 길게 천장으로 밀어 주세요. 이때 한쪽 다리는 매트 쪽으로 무릎을 구부려 주시고, 반대쪽 다리는 몸쪽으로 뻗어 주세요. 들이마시고 내쉬는 호흡에 양다리를 자전거 타듯이 교차해 주세요.

5. 세트, 횟수, Holding

양다리 번갈아 가며 이렇게 N번 진행하세요.

헬리콥터(Helicopter, Windmill)

1. 양손으로 바렐의 측면을 잡고 어깨를 안정화시킨 상태에서 다리를 곧고 평행하게 뻗어 낸다.

아크바렐(Arc Barrel)

스파인 코렉터(Spine Corrector)

2. 바렐에 골반을 고정시키고 한쪽 다리는 매트 방향으로 곧게 뻗어 내고 반대쪽 다리는 천장 방향으로 곧게 뻗어 준다. 그런 다음 다리를 옆으로 돌려 양다리가 반대로 원을 그리며 평행하게 회전시킨다.

3. 다리를 모아 천장을 향하게 제자리로 돌아온다. 반대쪽 방향으로 반복한다.

목적
엉덩관절 움직임 증진(Hip Joint Movement Improvement)
협응력 증진(Coordination Improvement)
코어 근육 강화(Core Muscle Strengthening)

주요 효과
코어 근육(Core Muscle)
엉덩관절 굽힘근(Hip Flexor), 폄근(Hip Extension), 벌림근(Hip Abductor), 엉덩관절 모음근(Hip Adductor)

주의 사항
목, 어깨 주변부의 근육들이 긴장되지 않게 주의한다.
복부에 긴장을 유지하며, 다리를 움직이는 동안 허리-골반(Lumbo-Pelvic) 영역의 안정성(Stability)을 유지한다.
가동 범위가 나오지 않는 경우 서서히 점진적으로 늘려 준다.

1. Position 설명

바로 누운 자세에서 골반을 바렐 위에 두세요. 양손으로 골반 측면을 잡고 양다리를 곧게 천장을 향해 뻗어 주세요.

2. 보상작용 설명

골반 중립, 척추 중립, 턱 위치, 키 커지는 느낌에 대한 멘트(척추 정렬), 목, 어깨 긴장 푼 채 어깨 끌어 내리고 양손으로 바닥을 가볍게 눌러 주세요(상지 정렬).

3. 호흡 멘트 + 시각적 관찰(Visual Palpation)

코로 들이마시는 호흡에 두 다리를 살짝 내렸다가, 입으로 내쉬는 호흡에 (이때 강사는 눈으로 회원의 가슴우리 움직임을 확인한다.)

4. 동작 설명

반동 쓰지 마시고 하복부 힘으로 두 다리를 곧게 뻗어 주세요. 이때 갈비뼈 조이고, 복부와 엉덩이 힘 유지하면서(코어, 허리-골반 안정화) 양 발끝 포물선 그리듯이 길게 천장으로 밀어 주세요. 바렐에 골반을 고정시키고 두 다리 발끝을 각각 반대로 원을 그려 제자리로 돌아오세요.

5. 세트, 횟수, Holding

양다리 번갈아 가며 이렇게 N번 진행하세요.

레그 레이즈(Leg Raise)

1. 양손으로 바렐의 측면을 잡고 어깨를 안정화시킨 상태에서 다리를 곧고 평행하게 뻗어 낸다.

아크바렐(Arc Barrel)　　　　스파인 코렉터(Spine Corrector)

2. 허리가 중립 상태에서 과도하게 굽거나 젖혀지지 않을 만큼 복부 수축을 유지하며 다리를 내렸다가 올려 준다.

목적
협응력 증진(Coordination Improvement)
코어 근육 강화(Core Muscle Strengthening)
복부 강화(Abdominal Strengthening)

주요 효과
코어 근육(Core Muscle)
복근(Abdominal Muscle)
엉덩관절 굽힘근(Hip Flexor)

주의 사항
목, 어깨 주변부의 근육들이 긴장되지 않게 주의한다.
복부에 긴장을 유지하며, 다리를 움직이는 동안 허리-골반(Lumbo-Pelvic) 영역의 안정성(Stability)을 유지한다.
과도한 동작으로 인한 보상근육의 불편감이나 허리통증을 주의한다.

1. Position 설명

바로 누운 자세에서 골반을 바렐 위에 두세요. 양손으로 골반 측면을 잡고 양다리를 곧게 천장을 향해 뻗어 주세요.

2. 보상작용 설명

골반 중립, 척추 중립, 턱 위치, 키 커지는 느낌에 대한 멘트(척추 정렬), 목, 어깨에 긴장 푼 채 어깨 끌어 내리고 양손으로 바닥을 가볍게 눌러 주세요(상지정렬).

3. 호흡 멘트 + 시각적 관찰(Visual Palpation)

코로 들이마시는 호흡에 두 다리를 살짝 내렸다가, 입으로 내쉬는 호흡에 (이때 강사는 눈으로 회원의 가슴우리 움직임을 확인한다.)

4. 동작 설명

이때 갈비뼈 조이고, 복부와 엉덩이 힘 유지하면서(코어, 허리-골반 안정화) 허리가 중립 상태에서 과도하게 굽거나 젖혀지지 않을 만큼 복부 수축을 유지하며 다리를 내렸다가 올려 주세요.

5. 세트, 횟수, Holding

이렇게 N번 진행하고 마지막에 N초 홀딩하세요.

힙 트위스트(Hip Twist)

1. 양손으로 바렐의 측면을 잡고 어깨를 안정화시킨 상태에서 다리를 곧고 평행하게 뻗어 낸다.

2. 상체를 유지한 채 두 발을 길게 뻗어 오른쪽 방향(왼쪽 방향)으로 원을 그린다.

목적

허리-골반 영역 가동성 운동(Lumbo-pelvic ROM Exercise)
엉덩관절 주변근육 강화(Hip Joint Muscle Strengthening)
코어 근육 강화(Core Muscle Strengthening)
협응력 증진(Coordination Improvement)
복부 강화(Abdominal Strengthening)

주요 효과

코어 근육(Core Muscle)
복근(Abdominal Muscle)
엉덩관절 굽힘근(Hip Flexor), 폄근(Hip Extensor), 벌림근(Abductor), 모음근(Adductor)

주의 사항

목, 어깨 주변부의 근육들이 긴장되지 않게 주의한다.
복부에 긴장을 유지하며, 다리를 움직이는 동안 허리-골반(Lumbo-Pelvic) 영역의 안정성(Stability)을 유지한다.
가동 범위가 나오지 않는 경우 서서히 점진적으로 늘려 준다.

1. Position 설명

바로 누운 자세에서 골반을 바렐 위에 두세요. 양손으로 골반 측면을 잡고 양다리를 곧게 천장을 향해 뻗어 주세요.

2. 보상작용 설명

골반 중립, 척추 중립, 턱 위치, 키 커지는 느낌에 대한 멘트(척추 정렬), 목, 어깨 긴장 푼 채 어깨 끌어 내리고 양손으로 바닥을 가볍게 눌러 주세요(상지 정렬).

3. 호흡 멘트 + 시각적 관찰(Visual Palpation)

코로 들이마시는 호흡에 두 다리를 살짝 내렸다가, 입으로 내쉬는 호흡에 (이때 강사는 눈으로 회원의 가슴우리 움직임을 확인한다.)

4. 동작 설명

이때 갈비뼈 조이고, 복부와 엉덩이 힘 유지하면서(코어, 허리-골반 안정화) 허리가 중립 상태에서 과도하게 굽거나 젖혀지지 않을 만큼 복부 수축을 유지하며 두 다리를 사선으로 길게 뻗어 발끝으로 왼쪽 방향부터 원을 그려 주세요.

5. 세트, 횟수, Holding

양쪽 번갈아 가며 이렇게 N번 진행하세요.

프로그 레그(Frog Leg)

1. 천장을 바라본 채 바로 누워 양손으로 바렐의 측면을 잡는다. 하체를 비스듬하게 세워 상체 고정한 채로 유지하고 뒤꿈치를 붙인 채 양 무릎을 구부린다.

아크바렐(Arc Barrel)

스파인 코렉터(Spine Corrector)

2. 발뒤꿈치를 붙인 채 가쪽돌림시켜 양다리를 사선으로 길게 뻗어 낸다.

목적

허리-골반 영역 안정화(Lumbo-pelvic Stability)

협응력 증진(Coordination Improvement)

복부 강화(Abdominal Strengthening)

엉덩관절 주변근육 강화(Hip Joint Muscle Strengthening)

다리 근육 강화(Lower Muscle Strengthening)

주요 효과

복근(Abdominal Muscle)

엉덩관절 굽힘근(Hip Flexor), 폄근(Hip Extensor), 모음근(Hip Adductor)

주의 사항

목, 어깨 주변부의 근육들이 긴장되지 않게 주의한다.

복부에 긴장을 유지하며, 다리를 움직이는 동안 허리-골반(Lumbo-Pelvic) 영역의 안정성(Stability)을 유지한다.

과도한 동작으로 인한 보상근육의 불편감이나 허리통증을 주의한다.

1. Position 설명

바로 누운 자세에서 골반을 바렐 위에 두세요. 양손으로 골반 측면을 잡고 두 발 가쪽돌림시켜 뒤꿈치를 붙인 채 양 무릎을 구부려 주세요.

2. 보상작용 설명

골반 중립, 척추 중립, 턱 위치, 키 커지는 느낌에 대한 멘트(척추 정렬), 목, 어깨 긴장 푼 채 어깨 끌어 내리고 양손으로 바닥을 가볍게 눌러 주세요(상지 정렬).

3. 호흡 멘트 + 시각적 관찰(Visual Palpation)

코로 들이마시는 호흡에 두 다리를 살짝 내렸다가, 입으로 내쉬는 호흡에 (이때 강사는 눈으로 회원의 가슴우리 움직임을 확인한다.)

4. 동작 설명

이때 갈비뼈 조이고, 복부와 엉덩이 힘 유지하면서(코어, 허리-골반 안정화) 허리가 중립 상태에서 과도하게 굽거나 젖혀지지 않을 만큼 복부 수축을 유지한 채 뒤꿈치를 밀어 내며 무릎을 펴 냈다가 제자리로 돌아오세요.

5. 세트, 횟수, Holding

이렇게 N번 진행하고 마지막에 N초 홀딩하세요.

롤 오버(Roll Over)

1. 바로 누운 자세(Supine Position)에서 양손으로 바렐의 측면을 잡고 어깨를 안정화시킨 상태에서 다리를 곧고 평행하게 뻗어 낸다.

아크바렐(Arc Barrel)

스파인 코렉터(Spine Corrector)

2. 두 다리를 살짝 내렸다가 머리를 향해 위로 넘겨 주면서 척추를 하나하나 바렐에서 말아 올라갔다가, 다시 호흡과 함께 반대로 척추를 도장 찍듯이 분절하며 시작 자세로 돌아온다.

목적

척추 스트레칭(Spine Stretching)

척추 분절운동(Spine Articulation Exercise)

코어 근육 강화(Core Muscle Strengthening)

협응력 증진(Coordination Improvement)

복부 강화(Abdominal Strengthening)

주요 효과

코어 근육(Core Muscle)

복근(Abdominal Muscle)

어깨 안정화근(Scapular Stabilizers)

엉덩관절 굽힘근(Hip Flexor), 폄근(Hip Extensor)

주의 사항

반동을 써서 과도하게 움직이지 않게 주의한다.

목, 어깨 부위에 과도한 긴장이나 무리가 가지 않도록 주의한다.

1. Position 설명

바로 누운 자세에서 골반을 바렐 위에 두세요. 양손으로 골반 측면을 잡고 양다리를 곧게 천장을 향해 뻗어 주세요.

2. 보상작용 설명

골반 중립, 척추 중립, 턱 위치, 키 커지는 느낌에 대한 멘트(척추 정렬), 목, 어깨 긴장 푼 채 어깨 끌어 내리고 양손으로 바닥을 가볍게 눌러 주세요(상지 정렬).

3. 호흡 멘트 + 시각적 관찰(Visual Palpation)

코로 들이마시는 호흡에 두 다리를 살짝 내렸다가, 입으로 내쉬는 호흡에 (이때 강사는 눈으로 회원의 가슴우리 움직임을 확인한다.)

4. 동작 설명

반동 쓰지 마시고 하복부 힘으로 두 다리를 천천히 넘겨 주세요. 다시 들이마시고 내쉬는 호흡에 갈비뼈 닫고, 복부 납작하게(코어, 허리-골반 안정화) 등척추부터 하나하나 도장 찍듯이(척추 분절) 천천히 내려와 제자리로 돌아오세요.

5. 세트, 횟수, Holding

이렇게 N번 진행하고 마지막에 N초 홀딩하세요.

싱글 레그 킥(Single Leg Kick)

1. 엎드린 자세(Prone Position)에서 골반을 바렐 중앙에 위치시키고 양 팔꿈치는 구부려 바닥에 수평하게 내려놓는다. 이때 다리는 길게 뻗어 주고 발목은 중립을 유지한다.

아크바렐(Arc Barrel)   스파인 코렉터(Spine Corrector)

 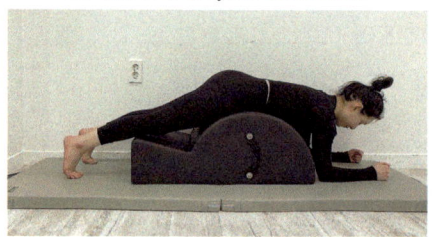

2. 무릎은 펴 내고 엉덩이를 수축시켜 뒤꿈치를 천장 쪽으로 밀어 내 한쪽 다리를 들어준다.

 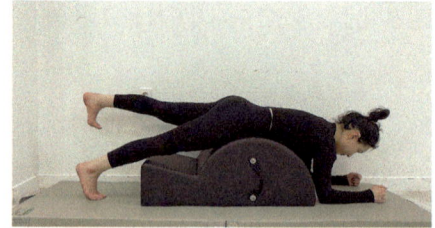

 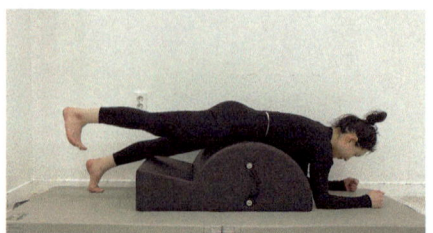

목적
허리-골반 영역 안정화(Lumbo-pelvic Stability)
복부-엉덩이-허리 근육의 동시 수축(Abdominal Muscle-Gluteal Muscle-Elector Spinae Co-Contraction)
코어 근육 강화(Core Muscle Strengthening)
협응력 증진(Coordination Improvement)

주요 효과
코어 근육(Core Muscle)
어깨 안정화근(Scapular Stabilizers)
척추세움근(척추기립근, Elector Spinae)
엉덩관절 폄근(Hip Extensor)

주의 사항
목, 어깨 주변부의 근육들이 긴장되지 않게 주의한다.
지지하는 팔과 어깨가 무너지지 않도록 밀어 내는 힘을 유지한다.
허리가 과젖힘되지 않게 골반 중립 자세(Pelvic Netural Position)를 유지한다.

1. Position 설명

엎드린 자세에서 골반을 바렐 중앙에 위치시키고 양 팔꿈치는 구부려 바닥에 수평하게 내려놓으세요. 이때 다리는 길게 뻗어 주고 발목은 중립을 유지해 주세요.

2. 보상작용 설명

골반 중립, 척추 중립, 턱 위치, 키 커지는 느낌에 대한 멘트(척추 정렬), 양쪽 무릎 각도 유지하고(다리 정렬), 목, 어깨 긴장 푼 채 어깨를 끌어 내려 주세요(상지 정렬).

3. 호흡 멘트 + 시각적 관찰(Visual Palpation)

코로 들이마시고, 입으로 내쉬는 호흡에 (이때 강사는 눈으로 회원의 가슴우리 움직임을 확인한다.)

4. 동작 설명

갈비뼈 닫고 복부 납작하게 유지하는 동시에(코어, 허리-골반 안정화) 엉덩이 힘으로 한쪽 뒤꿈치를 천장 쪽으로 밀어 낸다는 느낌으로 다리를 들어 올려 주세요.

5. 세트, 횟수, Holding

이렇게 N번 진행하고 마지막에 N초 홀딩하세요.

더블 레그 킥(Double Leg Kick)

1. 엎드린 자세(Prone Position)에서 골반을 바렐 중앙에 위치시키고 양 팔꿈치는 구부려 바닥에 수평하게 내려놓는다. 이때 다리는 길게 뻗어 주고 발목은 중립을 유지한다.

아크바렐(Arc Barrel)   스파인 코렉터(Spine Corrector)

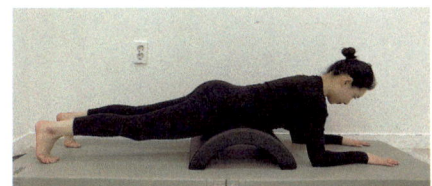
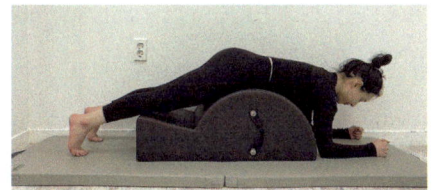

2. 엉덩이를 수축시켜 양쪽 발꿈치를 천장 쪽으로, 허벅지 앞쪽이 매트에서 떨어지게 밀어 올려 준다.

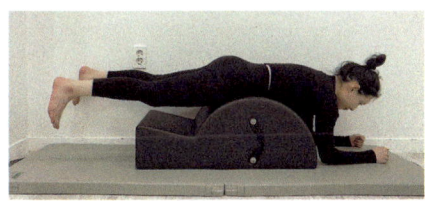

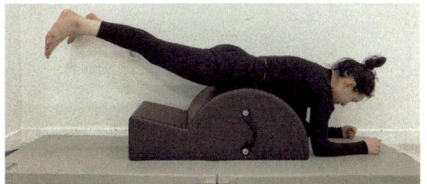

목적

허리-골반 영역 안정화(Lumbo-pelvic Stability)

복부-엉덩이-허리 근육의 동시 수축(Abdominal Muscle-Gluteal Muscle-Elector Spinae Co-Contraction)

코어 근육 강화(Core Muscle Strengthening)

협응력 증진(Coordination Improvement)

주요 효과

코어 근육(Core Muscle)

어깨 안정화근(Scapular Stabilizers)

척추세움근(척추기립근, Elector Spinae)

엉덩관절 폄근(Hip Extensor)

주의 사항

목, 어깨 주변부의 근육들이 긴장되지 않게 주의한다.

지지하는 팔과 어깨가 무너지지 않도록 밀어 내는 힘을 유지한다.

허리가 과젖힘되지 않게 골반 중립 자세(Pelvic Netural Position)를 유지한다.

1. Position 설명

엎드린 자세에서 골반을 바렐 중앙에 위치시키고 양 팔꿈치는 구부려 바닥에 수평하게 내려놓으세요. 이때 다리를 길게 뻗어 주고 발목은 중립을 유지해 주세요.

2. 보상작용 설명

골반 중립, 척추 중립, 턱 위치, 키 커지는 느낌에 대한 멘트(척추 정렬), 양쪽 무릎 각도 유지하고(다리 정렬), 목, 어깨 긴장 푼 채 어깨를 끌어 내려 주세요(상지 정렬).

3. 호흡 멘트 + 시각적 관찰(Visual Palpation)

코로 들이마시고, 입으로 내쉬는 호흡에 (이때 강사는 눈으로 회원의 가슴우리 움직임을 확인한다.)

4. 동작 설명

갈비뼈 닫고 복부 납작하게 유지하는 동시에(코어, 허리-골반 안정화) 엉덩이 힘으로 양쪽 뒤꿈치를 천장 쪽으로 밀어 낸다는 느낌으로 다리를 들어 올려 주세요.

5. 세트, 횟수, Holding

이렇게 N번 진행하고 마지막에 N초 홀딩하세요.

힙 업-니 밴딩(Hip up-Knee Bending)

1. 엎드린 자세(Prone Position)에서 골반을 바렐 중앙에 위치시키고 양 팔꿈치는 구부려 바닥에 수평하게 내려놓는다. 이때 엉덩관절은 가쪽돌림시키고 무릎을 구부려 세운 채 발뒤꿈치를 붙여 유지한다.

아크바렐(Arc Barrel)　　　　스파인 코렉터(Spine Corrector)

2. 엉덩이를 수축시켜 발꿈치를 천장 쪽으로, 허벅지 앞쪽이 바렐에서 떨어지게 밀어 올려 준다.

목적
허리-골반 영역 안정화(Lumbo-pelvic Stability)
복부-엉덩이-허리 근육의 동시 수축(Abdominal Muscle-Gluteal Muscle-Elector Spinae Co-Contraction)
코어 근육 강화(Core Muscle Strengthening)
협응력 증진(Coordination Improvement)

주요 효과
코어 근육(Core Muscle)
어깨 안정화근(Scapular Stabilizers)
척추세움근(척추기립근, Elector Spinae)
엉덩관절 폄근(Hip Extensor)

주의 사항
목, 어깨 주변부의 근육들이 긴장되지 않게 주의한다.
지지하는 팔과 어깨가 무너지지 않도록 밀어 내는 힘을 유지한다.
허리가 과젖힘되지 않게 골반 중립 자세(Pelvic Netural Position)를 유지한다.

1. Position 설명

엎드린 자세에서 골반을 바렐 중앙에 위치시키고 양 팔꿈치는 구부려 바닥에 수평하게 내려놓으세요. 이때 양다리는 무릎을 구부려 발바닥이 천장 쪽으로 향하게 세워 주시고 발끝은 가쪽돌림시켜 몸쪽으로 당겨 유지해 주세요.

2. 보상작용 설명

골반 중립, 척추 중립, 턱 위치, 키 커지는 느낌에 대한 멘트(척추 정렬), 양쪽 무릎 각도 유지하고(다리 정렬), 목, 어깨 긴장 푼 채 어깨를 끌어 내려 주세요(상지 정렬).

3. 호흡 멘트 + 시각적 관찰(Visual Palpation)

코로 들이마시고, 입으로 내쉬는 호흡에 (이때 강사는 눈으로 회원의 가슴우리 움직임을 확인한다.)

4. 동작 설명

갈비뼈 닫고 복부 납작하게 유지하는 동시에(코어, 허리-골반 안정화) 엉덩이 힘으로 양쪽 뒤꿈치를 천장 쪽으로 밀어 낸다는 느낌으로 다리를 들어 올려 주세요.

5. 세트, 횟수, Holding

이렇게 N번 진행하고 마지막에 N초 홀딩하세요.

스위밍(Swimming)

1. 엎드린 자세(Prone Position)에서 골반을 바렐 중앙에 위치시키고 양 팔다리를 위 아래로 곧게 뻗어 어깨 넓이로 유지한다.

아크바렐(Arc Barrel)　　　　　스파인 코렉터(Spine Corrector)

2. 몸통을 고정하고 한쪽 다리와 반대쪽 팔을 들어 올려 수영하는 것처럼 리듬을 맞춰 반대쪽도 교차로 진행한다.

응용 동작 - 슈퍼맨(Superman)

1. 엎드린 자세(Prone Position)에서 골반은 바렐 중앙에 위치시키고 양 팔다리를 위 아래로 곧게 뻗어 어깨 넓이로 유지한다.

2. 몸통을 고정하고 양쪽 다리와 팔을 들어 올려 준다.

아크바렐(Arc Barrel)

스파인 코렉터(Spine Corrector)

목적

허리-골반 영역 안정화(Lumbo-pelvic Stability)

복부-엉덩이-허리 근육의 동시 수축(Abdominal Muscle-Gluteal Muscle-Elector Spinae Co-Contraction)

코어 근육 강화(Core Muscle Strengthening)

협응력 증진(Coordination Improvement)

주요 효과

코어 근육(Core Muscle)

척추세움근(척추기립근, Elector Spinae)

어깨관절 굽힘근(Shoulder Flexor)

엉덩관절 폄근(Hip Extensor)

주의 사항

목, 어깨 주변부의 근육들이 긴장되지 않게 주의한다.

허리가 과젖힘되지 않게 골반 중립 자세(Pelvic Netural Position)를 유지할 수 있을 만큼 사지를 들어 올린다.

1. Position 설명

골반을 바렐 중앙에 위치시키고 엎드린 자세에서 양손, 양다리를 길게 뻗어 어깨 넓이로 유지해 주세요.

2. 보상작용 설명

골반 중립, 척추 중립, 턱 위치, 키 커지는 느낌에 대한 멘트(척추 정렬), 양쪽 무릎 각도 유지하고(다리 정렬), 목, 어깨 긴장 푼 채 어깨를 끌어 내려 주세요(상지 정렬).

3. 호흡 멘트 + 시각적 관찰(Visual Palpation)

코로 들이마시고, 입으로 내쉬는 호흡에 (이때 강사는 눈으로 회원의 가슴우리 움직임을 확인한다.)

4. 동작 설명

몸통을 고정하고 한쪽 다리와 반대쪽 팔을 들어 올려 수영하는 것처럼 리듬을 맞춰 반대쪽도 교차로 진행해 주세요.

5. 세트, 횟수, Holding

양손, 양다리 번갈아 가면서 이렇게 N번 진행하세요.

스완 다이브(Swan Dive)

1. 엎드린 자세(Prone Position) 상태에서 두 다리를 뻗어 주고 양 팔꿈치는 구부려 손바닥을 매트에 고정한다.

아크바렐(Arc Barrel)   **스파인 코렉터(Spine Corrector)**

2. 양손으로 바닥을 밀어 내면서 엉덩이와 척추를 폄시켜 상체를 일으켜 세운 채 활 모양을 유지한다.

3. 팔꿈치는 구부리고 다리는 뒤로 뻗어 내며 몸통을 앞으로 기울여 준다. 이때 활 모양과 어깨뼈는 안정화를 유지하고 시작 위치로 돌아온다.

 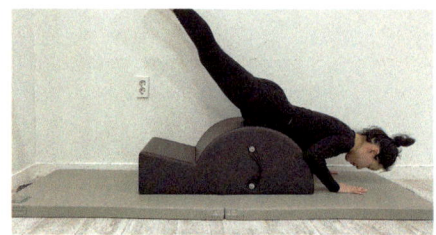

목적
몸통 굽힘근 스트레칭(Trunk Flexor Stretching)
몸통 폄근 강화(Trunk Extensor Strengthening)
코어 근육 강화(Core Muscle Strengthening)
협응력 증진(Coordination Improvement)

주요 효과
코어 근육(Core Muscle)
척추세움근(척추기립근, Elector Spinae)
엉덩관절 폄근(Hip Extensor)
어깨 안정화근(Scapular Stabilizers)
몸통 안정화 근육(Trunk Stabilizers)

주의 사항
목, 어깨 주변부의 근육들이 긴장되지 않게 주의한다.
특정 분절의 과운동성이나 저운동성이 나타나지 않게 주의한다.

1. Position 설명

골반을 바렐 중앙에 위치시키고 엎드린 자세에서 양 팔꿈치는 구부려 바닥에 수평하게 내려놓으세요. 이때 다리 길게 뻗어 주고 발목은 중립을 유지해 주세요.

2. 보상작용 설명

골반 중립, 척추 중립, 턱 위치, 키 커지는 느낌에 대한 멘트(척추 정렬), 양쪽 무릎 각도 유지하고(다리 정렬), 목, 어깨 긴장 푼 채 어깨를 끌어 내려 주세요(상지 정렬).

3. 호흡 멘트 + 시각적 관찰(Visual Palpation)

코로 들이마시고, 입으로 내쉬는 호흡에 (이때 강사는 눈으로 회원의 가슴우리 움직임을 확인한다.)

4. 동작 설명

양손으로 바닥을 눌러 내는 느낌으로(후면 코어) 척추 길게 뻗어 바닥을 밀어 내면서 상체 일으켜 세워 주세요(신장). 이어서 팔꿈치는 구부리고 다리를 뒤로 뻗어 내며 몸통을 앞으로 기울여 주세요. 이때 활 모양과 어깨뼈는 안정화를 유지하고 시작 위치로 돌아오세요.

5. 세트, 횟수, Holding

이렇게 N번 진행하고 마지막에 N초 홀딩하세요.

사이드 레그 리프트(Side Leg Lift)

1. 옆으로 누운 자세(Side Lying Position)에서 양다리는 아래 방향으로 길게 뻗는다.

아크바렐(Arc Barrel)   스파인 코렉터(Spine Corrector)

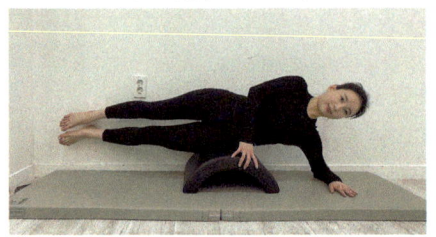 

2. 아래쪽 다리를 수평하게 유지하며 위쪽 다리를 길게 뻗어 위로 들어 올려 준다.

목적

엉덩관절 벌림근 및 모음근 강화(Hip Abductor & Adductor Strengthening)

허리-골반 영역 안정화(Lumbo-pelvic Stability)

코어 근육 강화(Core Muscle Strengthening)

협응력 증진(Coordination Improvement)

주요 효과

코어 근육(Core Muscle)

엉덩관절 벌림근(Hip Abductor), 모음근(Hip Adductor)

어깨 안정화근(Scapular Stabilizers)

몸통 안정화 근육(Trunk Stabilizers)

주의 사항

지지하는 팔이 무너지거나 목이 과도하게 긴장되지 않도록 밀어 내는 힘을 유지한다. 신체의 올바른 정렬을 인식하고, 체간과 골반이 무너지지 않게 균형을 잡는 것이 중요하다.

1. Position 설명

옆으로 누운 자세에서 골반 측면을 바렐 중앙에 위치시키고 위쪽 손은 바렐 위에, 아래쪽 팔꿈치는 구부려 바닥에 수평하게 내려놓으세요. 이때 다리는 길게 뻗어 발목을 중립으로 유지해 주세요.

2. 보상작용 설명

골반 중립, 척추 중립, 턱 위치, 키 커지는 느낌에 대한 멘트(척추 정렬), 양쪽 무릎 각도 유지하고(다리 정렬), 목, 어깨 긴장 푼 채 어깨를 끌어 내려 주세요(상지 정렬).

3. 호흡 멘트 + 시각적 관찰(Visual Palpation)

코로 들이마시고, 입으로 내쉬는 호흡에 (이때 강사는 눈으로 회원의 가슴우리 움직임을 확인한다.)

4. 동작 설명

위쪽 다리를 길게 뻗어 들어 올릴 건데 중간볼기근(중둔근 인지, 핸즈온)에 힘이 들어오는 느낌, 허리-골반이 뒤로 눕지 않게 최대한 유지하시면서 다리를 들어 올렸다가 내려 주세요.

5. 세트, 횟수, Holding

이렇게 N번 진행하고 마지막에 N초 홀딩하세요.

사이드 비트(Side Beats)

1. 옆으로 누운 자세(Side Lying Position)에서 양다리는 아래 방향으로 길게 뻗는다. 이때 위쪽 다리는 골반 높이로 들어 올려 준다.

아크바렐(Arc Barrel) 스파인 코렉터(Spine Corrector)

2. 위쪽 다리의 높이를 유지하면서 아래쪽 다리 길게 뻗은 채 위로 들어 올려 위쪽 다리 터치 후 제자리로 돌아온다.

목적
엉덩관절 벌림근 및 모음근 강화(Hip Abductor & Adductor Strengthening)
허리-골반 영역 안정화(Lumbo-pelvic Stability)
코어 근육 강화(Core Muscle Strengthening)
협응력 증진(Coordination Improvement)

주요 효과
코어 근육(Core Muscle)
엉덩관절 벌림근(Hip Abductor), 모음근(Hip Adductor)
어깨 안정화근(Scapular Stabilizers)
몸통 안정화 근육(Trunk Stabilizers)

주의 사항
지지하는 팔이 무너지거나 목이 과도하게 긴장되지 않도록 밀어 내는 힘을 유지한다. 신체의 올바른 정렬을 인식하고, 체간과 골반이 무너지지 않게 균형을 잡는 것이 중요하다.

1. Position 설명

옆으로 누운 자세에서 골반 측면을 바렐 중앙에 위치시키고 위쪽 손은 바렐 위에, 아래쪽 팔꿈치는 구부려 바닥에 수평하게 내려놓으세요. 이때 다리는 길게 뻗어 발목을 중립으로 유지해 주세요.

2. 보상작용 설명

골반 중립, 척추 중립, 턱 위치, 키 커지는 느낌에 대한 멘트(척추 정렬), 양쪽 무릎 각도 유지하고(다리 정렬), 목, 어깨 긴장 푼 채 어깨를 끌어 내려 주세요(상지 정렬).

3. 호흡 멘트 + 시각적 관찰(Visual Palpation)

코로 들이마시고, 입으로 내쉬는 호흡에 (이때 강사는 눈으로 회원의 가슴우리 움직임을 확인한다.)

4. 동작 설명

위쪽 다리를 길게 뻗어 수평하게 든 채 유지해 주시고, 아래쪽 다리를 들어 위쪽 다리를 가볍게 터치하고 내려올게요. 이때 허리-골반이 뒤로 눕지 않게 최대한 유지하시면서 다리를 들어 올렸다가 내려 주세요.

5. 세트, 횟수, Holding

이렇게 N번 진행하고 마지막에 N초 홀딩하세요.

부록.

PROP PILATES - Foam Roller

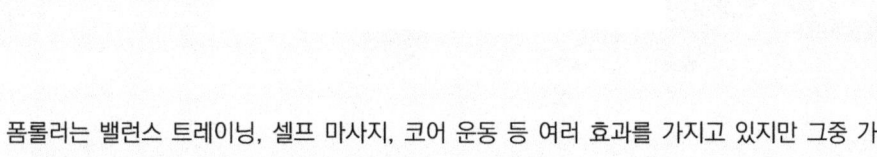

폼롤러는 밸런스 트레이닝, 셀프 마사지, 코어 운동 등 여러 효과를 가지고 있지만 그중 가장 보편적인 효과는 자가근막이완(Self Myofascial Release, SMR)이 가능하다는 점이다.

우리의 근육들은 얇은 근막으로 둘러싸여 있는데 이러한 근막이 뭉치면 통증을 유발하는 원인이 된다. 폼롤러는 타인의 도움 없이도 자신의 체중을 이용하여 '스스로 근막을 이완'이 가능하다는 장점이 있어 근래에는 운동 전후로 널리 쓰이는 소도구 중 하나이다.

목 폄근 이완(Neck Extensor Release)

\# 주요 효과 – 뒤통수밑근, 어깨올림근, 등세모근, 머리널판근, 목널판근, 척추세움근 등

1. 바로 누운 자세(Supine Position)에서 폼롤러를 가로로 놓고 뒷목을 베고 눕는다. 머리를 천천히 좌우로 돌림시키며 뒷목의 근육을 마사지한다.

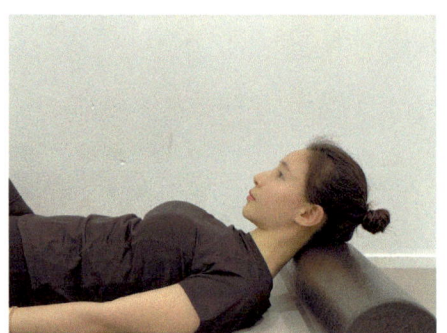
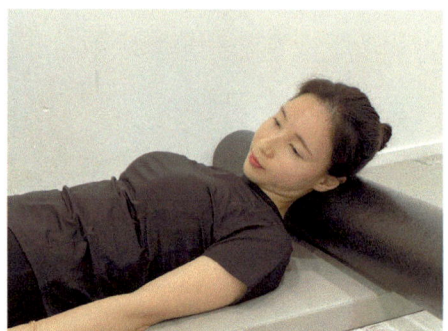

2. 이때 압통이나 통증이 유발되는 부위에서 멈추어 지그시 눌러 주며 충분히 이완할 수 있도록 한다.

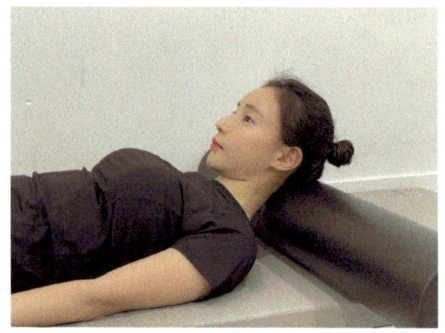
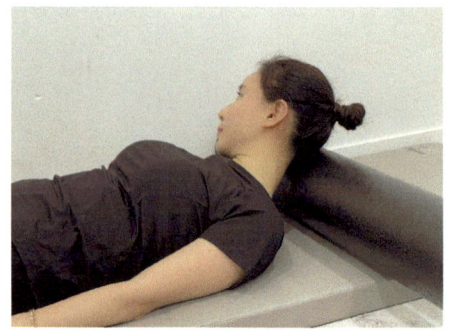

목 폄근 스트레칭(Neck Extensor Stretching)

주요 효과 - 뒤통수밑근, 어깨올림근, 등세모근, 머리널판근, 목널판근, 척추세움근 등

1. 바로 누운 자세(Supine Position)에서 폼롤러를 가로로 놓고 뒤통수를 베고 누운 자세에서 손을 앞으로 뻗어 준다.

2. 턱을 당기며 등을 천천히 들어 올린다. 이때 턱은 당긴 상태로 유지하고 목으로 버틴다는 느낌으로 충분히 뒷목의 근육을 스트레칭한다.

등 척주 스트레칭(Thoracic Spine Stretching)

\# 주요 효과 – 척추세움근, 큰가슴근, 작은가슴근, 복근 등

1. 폼롤러를 가로로 놓고 뒤통수에 깍지를 낀 채 팔꿈치를 모은 상태로 어깨뼈 아래각을 대고 비스듬히 기대고 앉는다.

2. 등척주를 서서히 젖힘시키며 머리를 뒤로 넘긴다.

3. 자신의 가동 범위까지 서서히 내려간 후 마지막에 팔꿈치를 열어 가슴부위를 충분히 스트레칭하고 다시 처음으로 돌아온다. 점진적으로 내려가는 범위를 증가시키며 반복한다.

어깨관절 스트레칭(Shoulder Stretching)

\# 주요 효과 - 척추세움근, 큰가슴근, 작은가슴근, 등세모근, 마름근 등

1. 폼롤러를 세로로 놓고 엉덩이부터 머리까지 서서히 눕는다. 이때 손은 앞으로 내밈시켜 어깨뼈 사이가 폼롤러에 충분히 닿을 수 있게 한다.

2. 팔꿈치를 구부리고 어깨관절을 서서히 수평 벌림시킨다. 이때 각도는 30°, 90°, 120°, 180° 다양한 각도에서 적용하여 가슴과 어깨 앞면 부위의 근육을 충분히 스트레칭한다.

3. 1번 자세로 돌아가서 손등이 땅에 닿게 크게 원을 그려 준다.

몸통 폄근 이완(Trunk Extensor Release)

\# 주요 효과 – 척추세움근, 등세모근, 마름근 등

1. 폼롤러를 가로로 놓고 뒤통수에 깍지를 끼고 팔꿈치를 모은 상태로 어깨뼈 아래각을 대고 비스듬히 기대고 앉는다.

2. 발을 엉덩이에 가깝게 가져와 고정하고 엉덩이를 들어 올려 몸통을 바닥에서 띄운다.

3. 다리로 밀어 내며 척추 부위를 위에서 아래로 폼롤러를 굴려 척추 주변 근육을 충분히 마사지한다. 이때 압통이나 통증이 유발되는 부위에서 멈추어 지그시 눌러 주며 충분히 이완할 수 있도록 한다.

허리 근육 이완(Lumbar Muscle Release)

주요 효과 – 척추세움근, 허리네모근, 볼기근 등

1. 바로 누운 자세(Supine Position)에서 허리-엉치 부위에 폼롤러를 가로로 놓고 바로 눕는다. 이때 무릎을 구부려 가슴 쪽으로 당겨 둥글게 말고 양손은 폼롤러를 잡아 고정시킨다.

2. 골반을 좌우로 돌림시키며 허리-엉치 부위를 충분히 이완시킨다.

3. 이때 압통이나 통증이 유발되는 부위에서 멈추어 지그시 눌러 주며 충분히 이완할 수 있도록 한다.

엉덩관절 굽힘근 스트레칭(Hip Flexor Stretching)

주요 효과 – 엉덩허리근, 넙다리네갈래근 등

1. 바로 누운 자세(Supine Position)에서 허리-엉치 부위에 폼롤러를 가로로 놓고 바로 눕는다. 이때 무릎을 구부려 가슴 쪽으로 당겨 둥글게 말아 올리고 양손으로 무릎을 잡아 고정한다.

2. 배꼽을 당겨 허리가 과하게 젖혀지지 않게 고정하고 한쪽 다리를 뒤꿈치가 바닥에 닿게 서서히 내린다.

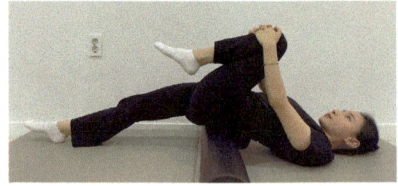

3. 반대쪽 다리도 동일하게 진행한다.

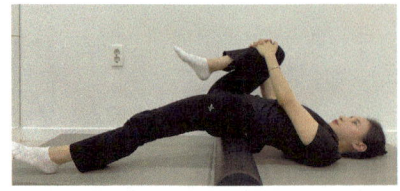

어깨관절 근육 이완(Shoulder Muscle Release)

\# 주요 효과 - 넓은등근, 작은가슴근, 큰가슴근, 돌림근띠, 림프 순환 증진 등

1. 옆으로 누운 자세(Side lying Position)에서 폼롤러를 가로로 놓고 겨드랑이 부위를 대고 옆으로 눕는다.

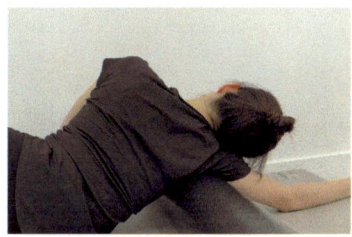

2. 몸통 전면부가 천장을 바라볼 수 있게 서서히 뒤로 비스듬하게 눕는다.

3. 몸통 전면부가 바닥을 바라볼 수 있게 서서히 앞으로 엎드린다. 1-2-3번을 왕복하며 압통이나 통증이 유발되는 부위에서 멈추어 지그시 눌러 주며 충분히 이완할 수 있도록 한다.

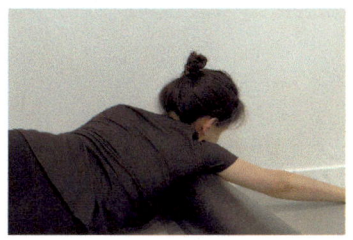

팔꿈치 폄근 이완(Elbow Extensor Release)

\# 주요 효과 – 위팔세갈래근 등

1. 옆으로 누운 자세(Side lying Position)에서 폼롤러를 가로로 놓고 위팔의 후면부를 대고 옆으로 눕는다.

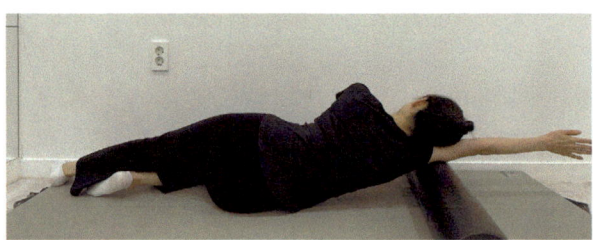

2. 위, 아래로 굴려 주며 충분히 마사지하며, 압통이나 통증이 유발되는 부위에서 멈추어 지그시 눌러 주며 충분히 이완할 수 있도록 한다.

몸통 가쪽굽힘근 이완(Trunk Lateral Flexor Release)

\# 주요 효과 – 허리네모근, 복근 등

1. 옆으로 누운 자세(Side lying Position)에서 폼롤러를 가로로 놓고 갈비뼈-엉덩뼈 능선 사이 허리 부위에 대고 옆으로 기대어 눕는다.

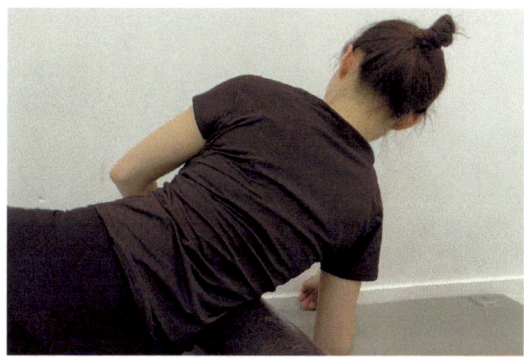

2. 몸통 전면부가 천장을 바라볼 수 있게 서서히 뒤로 비스듬하게 눕는다. 1-2번을 왕복하며 압통이나 통증이 유발되는 부위에서 멈추어 지그시 눌러 주며 충분히 이완할 수 있도록 한다.

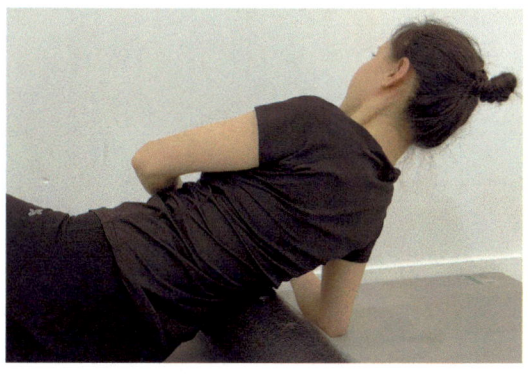

엉덩관절 벌림근 이완(Hip ABductor Release)

주요 효과 - 넙다리근막긴장근, 볼기근 등

1. 옆으로 누운 자세(Side lying Position)에서 팔꿈치는 바닥에 단단히 고정하고 아래쪽 다리의 측면은 폼롤러에, 위쪽 다리는 구부려 발을 바닥에 놓는다.

2. 무릎관절의 가쪽관절융기에서 넙다리뼈 큰돌기까지 허벅지의 가쪽 부위에 압을 가하며 위아래로 마사지한다. 이때 압통이나 통증이 유발되는 부위에서 멈추어 지그시 눌러 주며 충분히 이완할 수 있도록 한다.

넙다리네갈래근 이완(Quadriceps Femoris Release)

\# 주요 효과 – 넙다리네갈래근, 엉덩관절 벌림근, 모음근 등

1. 엎드린 자세(Prone Position)에서 팔꿈치는 가슴의 앞쪽에 단단히 고정하고 다리는 곧게 펴 허벅지 전면부를 폼롤러 위에 놓고 위, 아래로 움직이며 허벅지 앞면을 충분히 마사지한다. – 넙다리네갈래근

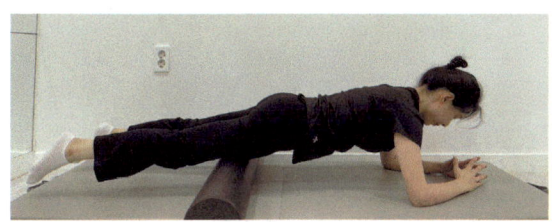

2. 한쪽 다리를 포개어 다리를 비스듬하게 돌려 허벅지 가쪽을 폼롤러 위에 놓고 위, 아래로 움직이며 허벅지 가쪽 면을 충분히 마사지한다. – 가쪽넓은근, 엉덩관절 벌림근

 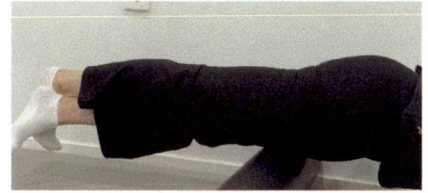

3. 한쪽 다리를 접어 허벅지 안쪽을 폼롤러 위에 놓고 좌우로 움직이며 허벅지 안쪽 면을 충분히 마사지한다. – 안쪽넓은근, 엉덩관절 모음근

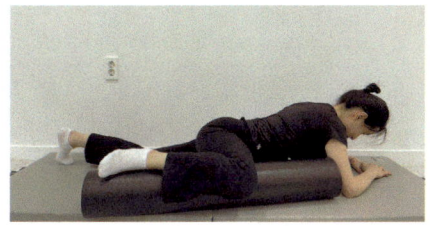 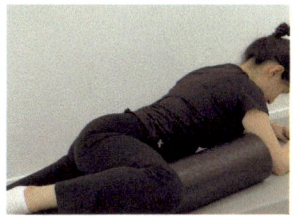

볼기근 이완(Gluteus Muscle Release)

\# 주요 효과 – 볼기근, 궁둥구멍근 등

1. 폼롤러를 가로로 놓고 그 위에 앉아 한쪽 다리의 발목을 반대쪽 무릎에 올린다. 이때 들어 올린 다리 쪽 엉덩이 부위에 체중을 실어 준다.

2. 앞뒤로 움직이며, 엉덩이 부위를 충분히 마사지한다. 이때 압통이나 통증이 유발되는 부위에서 멈추어 지그시 눌러 주며 충분히 이완할 수 있도록 한다.

종아리 근육 이완(Calf Muscle Release)

주요 효과 – 장딴지근, 가자미근, 뒤넙다리근 등

1. 반무릎 자세(Half Kneeling Position)에서 종아리와 뒤 허벅지 사이에 폼롤러를 끼우고 양손으로 폼롤러를 고정한 채 앉는다.

2. 좌우로 번갈아 가며 지그시 체중을 실어 주며 종아리와 뒤넙다리근을 충분히 이완시킨다.

발등굽힘근 이완(DorsiFlexor Release)

\# 주요 효과 – 앞정강근, 발가락 폄근 등

1. 폼롤러를 가로로 놓고 양쪽 정강이 부위를 대고 무릎을 구부려 앉는다.

2. 무릎에서 발목까지 왕복하며 정강이 전면부를 충분히 마사지한다. 이때 압통이나 통증이 유발되는 부위에서 멈추어 지그시 눌러 주며 충분히 이완할 수 있도록 한다.

발바닥굽힘근 이완(PlantaFlexor Release)

\# 주요 효과 – 장딴지근, 가자미근 등

1. 폼롤러를 가로로 놓고 그 뒤에 앉아 한쪽 종아리를 대고 반대쪽 다리를 포개어 올린다. 이때 아래쪽 다리의 발목을 발등굽힘시키고 위쪽 다리는 아래쪽 다리를 지그시 눌러 체중을 실어 준다.

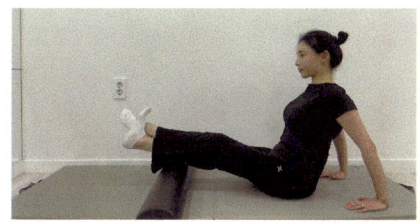

2. 엉덩이를 들어 종아리에 압을 가하며 앞뒤, 좌우로 왕복하며 충분히 마사지한다. 이때 압통이나 통증이 유발되는 부위에서 멈추어 지그시 눌러 주며 충분히 이완할 수 있도록 한다.

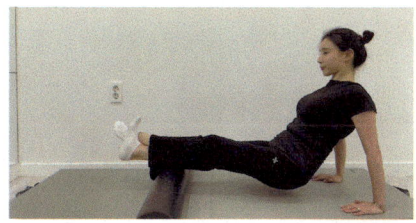

Which posture ate you?

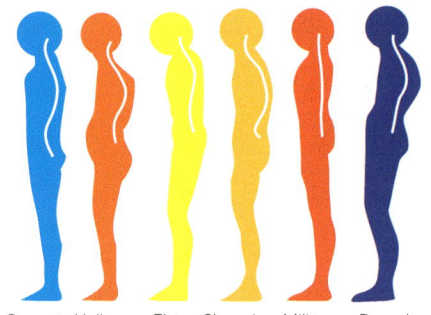
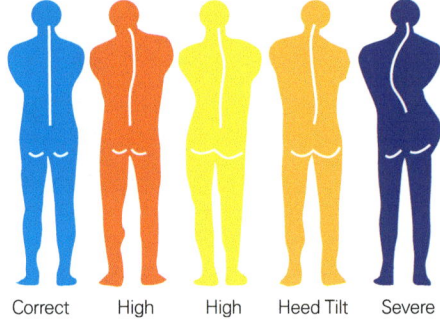

Correct Posture | Hollow Back | Flat Pelvis | Slumping Posture | Military Posture | Round Shoulders

Correct | High Shoulder | High Hip | Heed Tilt | Severe Scoliosis

KPIPA 대한자세통합필라테스협회

교육지부 문의 | 010-2344-5503 송기연 협회장
교육관련 문의 | 010-3206-5503 장미리 총괄이사
네이버 카페 | https://cafe.naver.com/danapil
공식 홈페이지 | www.KPIPA.net
인스타그램 | @kpipa_pilates @mi_ri_jjang_

저자 약력

송기연(대한자세통합필라테스협회 협회장, 전남과학대학교 물리치료학과)
장미리(대한자세통합필라테스협회 총괄이사, 다나필라테스 본사 원장)

본 교재는 한국저작위원회에 편집저작물로 등록되어 있어
상업적 또는 비상업적 용도로 내용을 복사, 수정하거나 재배포를 금지합니다.

적발 시 저작권법 위반에 따른 민/형사상의 책임을 받을 수 있습니다.

Copyright 2020. Ki-Yeon, Song & Mi-Ri, Jang All rights reserved.

필라테스 지도자로 만들어 줄게 - Mat & Props

대표저자 | 송기연·장미리
홈페이지 | www.kpipa.net
주소 | 광주광역시 북구 양산로 60, 2층 대한자세통합필라테스협회
연락처 | 062-574-5504

KPIPA Pilates Instructor Course

Lession 1 | 필라테스 해부학

Lession 2 | Mat & Props 필라테스

Lession 3 | R.C.C.B 필라테스